广东省精品资源共享课配套教材

高等职业教育新形态系列教材

ERP 沙盘模拟

实训指导教程

郭立国　　何霞◎编

U0366990

机械工业出版社

CHINA MACHINE PRESS

《ERP 沙盘模拟实训指导教程》是广东省精品资源共享课"ERP 沙盘模拟实训"课程的配套教材。本书顺应教学和比赛的要求，依托用友 ERP 沙盘模拟经营商战平台编写，主要分为四个项目，分别是运营准备、认知 ERP 手工沙盘、ERP 手工沙盘演练、企业模拟经营电子沙盘。全书内容实用，让学生集角色扮演和岗位体验于一身的设计思路新颖独到，使学生在参与、体验中快速完成从意识到技能、从思维到行为、从知识到能力的全面提升。

本书即可作为高等院校经管类专业或非经管类专业 ERP 沙盘模拟实训教材，也可用于相关培训人员及参赛选手的参考用书。

本书配有微课视频，读者通过扫描书中二维码即可进行观看。

本书配有电子课件，凡使用本书作为教材的教师可登录机械工业出版社教育服务网 www.cmpedu.com 下载。咨询电话：010-88379375。

图书在版编目（CIP）数据

ERP 沙盘模拟实训指导教程／郭立国，何霞编. —北京：
机械工业出版社，2022.12（2024.12 重印）
高等职业教育新形态系列教材
ISBN 978－7－111－72071－3

Ⅰ.①E… Ⅱ.①郭… ②何… Ⅲ.①企业管理-计算机
管理系统-高等职业教育-教材 Ⅳ.①F272.7

中国版本图书馆 CIP 数据核字（2022）第 217337 号

机械工业出版社（北京市百万庄大街 22 号 邮政编码 100037）
策划编辑：杨晓昱 责任编辑：杨晓昱 马新娟
责任校对：张亚楠 张 薇 封面设计：马精明
责任印制：郜 敏
中煤（北京）印务有限公司印刷

2024 年 12 月第 1 版·第 2 次印刷
184mm×260mm·10.25 印张·191 千字
标准书号：ISBN 978－7－111－72071－3
定价：36.00 元

前　言

ERP 是企业资源计划（Enterprise Resource Planning）的简称，它是建立在信息技术基础上，利用现代企业的先进管理思想，通过对企业资源的优化配置来实现信息流、物流、资金流的全面集成，为企业提供决策、计划、控制和经营业绩评估的管理平台。

以党的二十大为指引，本书顺应教学和比赛的要求，依托用友 ERP 沙盘模拟经营商战平台，主要分为 4 个项目，分别是运营准备、认知 ERP 手工沙盘、ERP 手工沙盘演练、企业模拟经营电子沙盘。全书具有以下特色：

一、坚持立德树人

本书将团队合作意识、守信意识、规则意识、竞争意识贯穿全书，让学生集角色扮演和岗位体验于一身的设计思路新颖独到，使学生在参与、体验中快速完成了从意识到技能、从思维到行为、从知识到能力的全面提升。

二、内容实用

本书将职业技能竞赛要求融入教学内容，集教学和实训于一体。

（1）工作流程易学易用。全书以起始年为例，分季度、分项目以连贯的运营说明各个流程项目的意义及相互之间的关联，对重点的流程、规则进行解读和分析。

（2）市场预测具体化。市场预测以具体的订单方式展开，教师以电子订单的方式让学生选单，便于学生模拟企业了解市场需求、产品价格、未来的市场发展情况。

（3）教学难点解决示例。全书对所得税的计算、生产线的投资、筹资策略等教学难点，均以具体的示例进行演示，易于理解。

（4）附录提供了各类运营流程表和计划工具表，便于教学。

三、教学资源丰富

本书是广东省精品资源共享课"ERP 沙盘模拟实训"课程的配套教材。本书配有大量教学资源，包括电子课件、教学设计、微课视频等，方便"教学做一体化"实施。

本书由广州番禺职业技术学院郭立国和何霞编写。特别感谢用友软件公司提供的资料和帮助。

由于编者水平有限，书中难免有疏漏和错误之处，望专家、读者批评斧正！

编者

微课视频二维码清单

名称	图形	名称	图形
微课01　组建高效团队		微课08　企业运营流程	
微课02　模拟企业简介		微课09　新年度规划会议	
微课03　模拟企业初始状况		微课10　产品研发案例	
微课04　物理沙盘运营规则		微课11　广告投放实战案例	
微课05　生产线投资规则例题		微课12　新商战大赛规则简介	
微课06　生产线变卖规则		微课13　租赁线的实战运用	
微课07　生产线转产规则例题			

目 录

开 篇 语

只有懂得规则，才能游刃有余。
只有认真对待，才能取得收获。
只有积极参与，才能分享成就。

学习规则是比较枯燥的，但又是非常重要的，只有懂得规则，操作起来才能游刃有余。因此，我们要有以下三点认识。

要认清我们是在经营模拟企业，为运营方便，这里将内外部环境简化为一系列规则，与实际情况存在一定差别。

要有争强好胜的斗志，虽然是模拟经营，切不可简单地当成游戏，要有"假戏真做"的态度，将模拟企业当作真实的企业来经营。

要正确对待自己的角色，在一个企业里每个人会担当不同的角色，每个角色也都有其不可替代的作用，因此每个角色都是重要的，都值得重视和珍惜，都应用心做好。

项目一　运营准备

知识目标

熟悉沙盘、ERP 等相关概念；掌握企业模拟经营沙盘的课程内容；掌握企业模拟经营沙盘的意义；了解组建团队的注意事项；掌握各职能部门主管的职责。

能力目标

能够认知沙盘；能够结合各自特长和优势，组建团队；能够确定团队成员的职责。

素养目标

引导学生树立社会主义核心价值观；培养学生良好的专业语言表达与社会沟通能力；培养学生良好的团队合作精神。

▶ 任务 1　认知沙盘 ◀

一、ERP 沙盘模拟的含义

1. ERP 的含义

ERP 是企业资源计划的简称。企业资源包括厂房、设备、物料、资金、人员，甚至包括企业上下游的供应商和客户等。企业资源计划的实质就是如何在资源有限的情况下，合理组织生产，力求达到利润最大化，成本最低。可以说，企业的生产经营过程也是对企业资源的管理过程。

2. 沙盘

提到"沙盘"，很容易使人联想到战争年代的军事作战指挥沙盘或房地产开发商销售楼盘时的小区规划布局沙盘。它们都清晰地模拟了真实的地形，使其所服务的对象无须亲临现场，也能对所关注的位置了然于胸，从而运筹帷幄，制定决策。

3. ERP 沙盘模拟

"ERP 沙盘模拟"是在充分调研 ERP 培训市场需求的基础上，汲取国内外咨询公司和培训机构的管理训练课程精髓而设计的企业经营管理实训课程。"ERP 沙盘模拟"课程就是针对一个模拟企业，把该模拟企业运营的关键环节——战略规划、资金筹集、市场营销、产品研发、生产组织、物资采购、设备投资与改造、财务核算与管理等设计为课程的主要内容，把企业运营所处的内外部环境抽象为一系列的规则，由受训者组成 6~8 个相互竞争的模拟企业，通过模拟企业 6 年的经营，使受训者在分析市场、制定战略、营销策划、组织生产、财务管理等一系列活动中，参悟科学的管理规律，全面提升管理能力。

二、课程特色

该课程的特色主要体现在以下几个方面：

1. 生动有趣

管理课程一般都以理论＋案例为主，比较枯燥，也很难把这些理论迅速掌握并应用到实际工作中。通过模拟沙盘进行培训，不仅增强了娱乐性，使枯燥的课程变得生动有趣，而且可以激起受训者的竞争热情，让他们有学习的动机——获胜！

2. 体验实战

这种培训方式是让人们通过"做"来"学"。受训者通过切实的方式——看到并触摸到商业运作来体会深奥的商业思想。体验式学习使受训者学会收集信息并在将来应用于实践。

3. 团队合作

这种模拟是互动的。当受训者对游戏过程中产生的不同观点进行分析时，需要不停地进行对话。除了学习商业规则和财务语言外，受训者还能增强沟通技能，学会如何以团队的方式工作。

4. 看得见，摸得着

该课程可以帮助受训者剥开经营理念的复杂外表，直探经营本质。企业结构和管理的操作全部被展示在模拟沙盘上，复杂、抽象的经营管理理论被以直观的方式让受训者体验、学习。完整生动的视觉感受将极为有效地激发受训者的学习兴趣，增强学习能力。在课程结束时，受训者将对所学的内容理解更透，记忆更深。

5. 想得到，做得到

受训者可以把平时工作中尚存疑问的决策带到课程中去印证。在 2~3 天的课程中，受训者模拟企业 6 年的经营管理，有充足的自由去尝试企业经营的重大决策，并且能够直接看到结果。在现实工作中，他们可能在相当长的时间里没有这样的体验机会。

三、课程目标

通过"模拟对抗培训",高层管理者能够认清企业资源运营状况,建立企业运营的战略视角,并寻求最佳的利润机会;能够更有效地区分业务的优先安排,降低运营成本;能够深入地理解财务的战略功效,掌握财务结构,解读财务报表。

中级经理在"模拟对抗培训"中的收获则在于了解整个公司的运作流程,提高全局和长远策略意识,更好地理解不同决策对总体绩效的影响,从而可以和不同部门达成更有效的沟通。同时,一线主管将提升其策略性思考的能力,以及与下属沟通的技巧。

"模拟对抗培训"可以帮助企业建立一种共同的语言,提高每个人的商务技巧,从而使每个部门甚至每个人都能支持公司既定的战略决策,方向一致,共同致力于生产力和利润的提高。

"模拟对抗培训"还可以帮助企业内部所有重要的员工都理解企业的经营运作、企业的竞争力以及企业资源的有限性,帮助各部门的管理人员做出有效的资源规划及决策。

四、ERP 沙盘模拟实践教具与课程设计

ERP 沙盘模拟实践教具分为两部分,即物理沙盘教具和电子沙盘。物理沙盘教具是用于企业仿真经营的沙盘模拟教具,是可以用来推演企业经营的一个立体模型,能够模拟企业的各种经济活动。这些道具主要包括沙盘盘面、订单卡片、生产线、产品标识、游戏币及盛放游戏币的空桶等。

1. ERP 沙盘盘面介绍

沙盘作为企业经营管理过程的道具,需要系统和概括性地体现企业的主要业务流程和组织架构。一般的企业管理沙盘包括企业生产设施和生产过程、财务资金运转过程、市场营销和产品销售、原材料供应、产品开发等主要内容。用友软件公司开发的 ERP 沙盘是比较典型的企业管理沙盘,下面结合用友 ERP 沙盘道具对企业管理模拟沙盘进行介绍。

用友 ERP 沙盘设计了营销与规划中心、财务中心、生产中心、物流中心以及信息中心。各中心配有相应的职位,包括企业首席执行官、财务总监、营销总监、生产总监、采购总监,每个职位都有对应的工作区域,如图 1-1 所示。

2. ERP 沙盘模拟课程设计

为了简洁明了地显示课程设计的内容、程序与方法,现用表 1-1 表示。

图1-1 用友ERP沙盘的设计模块及相应的职位

表 1-1　课程设计的内容、程序与方法

序号	教学项目	教学内容	教学要求 （从知识、能力、素养三方面进行描述）	参考实践课时
1	运营准备	1. 企业模拟经营沙盘的课程内容 2. 企业模拟经营沙盘的意义 3. 组建团队的注意事项 4. 各职能部门主管的职责	知识目标： 　1. 熟悉沙盘、ERP 等相关概念；2. 掌握企业模拟经营沙盘的课程内容；3. 掌握企业模拟经营沙盘的意义；4. 了解组建团队的注意事项；5. 掌握各职能部门主管的职责 能力目标： 　1. 能够认知沙盘；2. 能够结合各自特长和优势，组建团队；3. 能够确定团队成员的职责 素养目标： 　1. 引导学生树立社会主义核心价值观；2. 培养学生良好的专业语言表达与社会沟通能力；3. 培养学生良好的团队合作精神	1.5
2	认知 ERP 手工沙盘	1. 企业市场调查 2. 财务数据与企业经营的相关性 3. 市场运作规则 4. 企业运营流程	知识目标： 　1. 掌握企业市场调查涵盖的内容；2. 了解财务数据与企业经营的相关性；3. 掌握市场运作规则；4. 熟悉企业运营流程 能力目标： 　1. 能够分析企业的经营状况；2. 能够分析企业的经营环境；3. 能够分析企业的财务状况；4. 能设置企业的初始状态，将财务数字再现到沙盘盘面上；5. 能熟练运用市场规则；6. 能够按照流程开展经营 素养目标： 　1. 培养学生敬业、精益、创新的工匠精神；2. 培养学生严谨求实、一丝不苟的工作作风；3. 培养学生遵纪守法和遵守行业企业标准的习惯；4. 培养学生良好的专业语言表达与社会沟通能力；5. 培养学生良好的团队合作精神；6. 培养学生良好的职业道德和行为操守，诚实守信	4
3	ERP 手工沙盘演练	1. 年初工作任务 2. 年中工作任务 3. 年末工作任务	知识目标： 　1. 掌握新年度规划会议内容；2. 掌握参加订货会的注意事项、支付广告费的考虑因素、登记销售订单的内容；3. 熟悉新年度计划考虑的因素和主要内容；4. 熟悉应付税计算的考虑因素；5. 掌握企业的运营过程；6. 熟练运用对各种账项进行计算和结转的方法；7. 熟悉编制各种报表的方法；8. 掌握计算当年经营成果的方法；9. 厘清对当年经营情况进行分析总结的思路与方法 能力目标： 　1. 学会召开新年度规划会议，能够根据各位主管掌握的信息和企业的实际情况，初步提出企业在新一年的各项投资规划，根据规划精确地计算出企业在该年的产品完工数量，确定企业的可接订单数量；2. 参加订货会，学会争取销售订单；学会如何结合企业支付能力投放广告费；3. 学会正确登	22.5

（续）

序号	教学项目	教学内容	教学要求 （从知识、能力、素养三方面进行描述）	参考实践课时
3	ERP手工沙盘演练	1. 年初工作任务 2. 年中工作任务 3. 年末工作任务	记销售订单的内容，并根据销售订单对前期制定的新年度规划进行调整，制订新年度工作计划；4. 学会如何计算应付税；5. 按企业在日常运行过程中的先后顺序和操作要点进行企业经营；6. 能够对各种账项进行计算和结转；7. 能够编制各种报表；8. 能够计算当年的经营成果；9. 能对当年经营情况进行分析总结 素养目标： 1. 培养学生精益、创新等方面的工匠精神；2. 培养学生认真负责、踏实敬业的工作态度；3. 培养学生遵纪守法和遵守行业企业标准的习惯；4. 培养学生良好的职业道德和行为操守，以及不冒算多算、不弄虚作假、实事求是的职业素养；5. 培养学生良好的专业语言表达与社会沟通能力；6. 培养学生良好的团队合作精神；7. 培养学生节约资源、降低生产成本的社会责任感	22.5
4	认知ERP电子沙盘	1. 电子沙盘操作流程 2. 电子沙盘操作指南 3. 电子沙盘运营规则	知识目标： 1. 掌握电子沙盘操作流程；2. 掌握电子沙盘操作指南；3. 掌握电子沙盘运营规则 能力目标： 1. 能够登录电子沙盘；2. 将运营规则运用到企业经营决策当中 素养目标： 1. 培养学生敬业、精益、创新的工匠精神；2. 培养学生严谨求实、一丝不苟的工作作风；3. 培养学生遵纪守法和遵守行业企业标准的习惯；4. 培养学生良好的职业道德和行为操守；5. 培养学生良好的专业语言表达与社会沟通能力；6. 培养学生良好的团队合作精神	8.5
5	ERP电子沙盘演练	1. 企业年初工作内容 2. 企业日常运营工作内容 3. 企业年末工作内容	知识目标： 1. 掌握企业年初工作内容；2. 掌握企业日常运营工作内容；3. 掌握企业年末工作内容 能力目标： 1. 能够及时地开展企业年初、日常运营及年末工作；2. 经营结束后，能对当年的经营情况进行分析总结 素养目标： 1. 培养学生敬业、精益、创新的工匠精神；2. 培养学生严谨求实、一丝不苟的工作作风；3. 培养学生遵纪守法和遵守行业企业标准的习惯；4. 培养学生良好的职业道德和行为操守；以及不弄虚作假、实事求是的职业素养；5. 培养学生良好的专业语言表达与社会沟通能力；6. 培养学生良好的团队合作精神	19.5
合计				56

▶ 任务 2　建立模拟企业 ◀

一、组建高效的团队

在沙盘对抗实训中，要将所有的学员分成若干个团队，团队就是由少数有互补技能、愿意为了共同的目的、业绩目标和方法而相互承担责任的人组成的群体。而在每个团队中，各学员分别担任重要职位，包括首席执行官（CEO）、财务总监（CFO）、销售总监（CSO）、生产总监（COO）和采购总监（CPO）等。在经营过程中，团队的合作是必不可少的。要想打造一支高效的团队，应注意以下几点。

（一）有明确的共同目标

团队必须共同发展，并且要共同完成一个目标，这个目标可以使团队的成员向相同的方向努力，能够激发每个团队成员的积极性，并且使团队成员行动一致。团队要将总体的目标分解为具体的、可度量的、可行的行动目标。这些具体的目标和总体目标要紧密结合，并且要根据情况随时进行相应的修正。比如，团队确立了自己 6 年发展的总目标，就要分解到每一年和每一季度，确定具体的运营方向。

（二）确保团队成员互补的能力

团队必须要发展完善的能力组合，比如担任财务总监的成员应该比较细心，对财务的相关知识有一定的了解，而担任首席执行官（CEO）的人应该具备比较强的协调能力和组织能力。

（三）有一位团队型领导

在经营过程中需要做出各种决策，这就需要首席执行官（CEO）能够统领全局，协调各部门之间的关系，充分调动每个学员的积极性，还要能够做出正确的决策。要成为一个高效、统一的团队，团队领导就必须学会在缺乏足够的信息和统一意见的情况下及时做出决定，果断的决策机制往往是以牺牲民主和不同意见为代价而获得的。对于团队领导而言，最难做到的莫过于避免被团队内部虚伪的和谐气氛所误导，应采取种种措施，努力引导和鼓励适当的、有建设性的良性冲突，将被掩盖的问题和不同意见摆到桌面上，通过讨论和合理决策将其加以解决，否则将对企业的发展造成巨大的影响。

（四）履行好各自的责任

受训者应按照自己的岗位职责进行经营活动，并且应把自己的工作做好。比如，采购总监负责原材料的采购，如果出现差错，则会直接影响以后的生产，而生产的产品数量又会影响交单的情况。所以，一个小环节的疏漏可能会导致满盘皆输。

此外，作为团队中的一员，首先要尊重别人。法国哲学家罗西法古曾说过："如果你要得到仇人，就要表现得比你的朋友优越；如果你要得到朋友，就要让你的朋友表现得比你优越。"当我们让朋友表现得比我们优越时，他们就会有一种被肯定的感觉；但是当我们表现得比他们优越时，他们就会产生一种自卑感，甚至对我们产生敌视情绪。因为人们都在自觉不自觉地维护着自己的形象和尊严，所以我们要给予对方充分的尊重。

其次要能够接受批评，从批评中寻找积极成分。如果团队成员对你的错误大加抨击，即使带有强烈的感情色彩，也不要与之争论不休，而应从积极方面来理解他的抨击。这样，不但对你改正错误有帮助，而且避免了语言敌对场面的出现。

最后要善于交流，同在一个团队，我们与其他团队成员之间会存在某些差异，知识、能力、经历造成我们在对待和处理问题时，会产生不同的想法。交流是协调的开始，把自己的想法说出来，多听听对方的想法，比如我们可以说："你看这事该怎么办，我想听听你的看法。"

总之，作为一名团队成员，应做到坦诚而不轻率，谨慎而不拘泥，活泼而不轻浮，豪爽而不粗俗，就可以和其他团队成员融洽相处，提高自己团队作战的能力。

二、职能定位

在模拟企业中主要设置五个基本职能部门（可根据受训者的人数进行适当调整），各岗位职责见表1-2。

表1-2　各岗位职责

首席执行官	财务总监	销售总监	生产总监	采购总监
发展战略制定	财务记账和登账	市场调查分析	产品研发管理	编制采购计划
竞争格局分析	向税务部门报税	市场进入策略	管理体系认证	供应商谈判
经营指标确定	提供财务报表	品种发展策略	固定资产投资	签订采购合同
业务策略制定	日常现金管理	广告宣传策略	编制生产计划	监控采购过程
全面预算管理	企业融资策略制定	制订销售计划	平衡生产能力	仓储管理
团队协作管理	成本费用控制	争取订单与谈判	生产车间管理	采购支付抉择
企业绩效分析	资金与风险管理	按时交货	成品库存管理	与财务部协调
管理授权与总结	财务分析与决策	销售绩效分析	产品外协管理	与生产部协同

各组受训者可以根据自己的专长选择不同的职能部门，当人数较多时，可设置助理职位，如财务助理等。确定好职能后，应按图1-2所示落座。

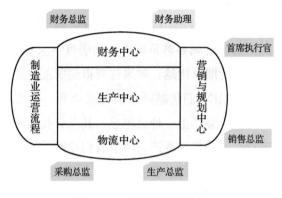

图 1-2　各职能部门座位

三、公司成立及首席执行官就职演讲

(一) 公司命名

在公司成立之后,每个小组要召开第一次员工大会,大会由首席执行官主持。这次会议要为自己组建的公司命名。公司名称对一个企业将来的发展而言至关重要,因为公司名称不仅关系企业在行业内的影响力,还关系企业所经营的产品投放市场后,消费者对本企业的认可度。当品牌命名或公司名称符合行业特点,有深层次的文化底蕴,又是广大消费者熟知的,并且是独一无二的名称时,企业的竞争力就明显地区别于行业内的其他企业,为打造知名品牌奠定了基础。因此,各小组要集思广益,为自己的企业起一个响亮的名字。

(二) 确定企业使命

企业使命的英文是 Mission,在企业愿景的基础上,定义企业在社会经济领域中所经营的范围和层次,表述企业在社会经济活动中的身份或角色。它包括企业的经营哲学、企业的宗旨和企业的形象。在第一次员工大会上,受训者还要集体讨论确定企业宗旨和企业形象等问题。

(三) 首席执行官就职演讲

小组讨论结束后,由首席执行官代表自己的公司进行就职演讲,阐述公司使命与目标等,为下一步具体经营管理企业打下良好的基础。

项目二　认知ERP手工沙盘

知识目标

掌握企业市场调查涵盖的内容；了解财务数据与企业经营的相关性；掌握市场运作规则；熟悉企业运营流程。

能力目标

能够分析企业的经营状况；能够分析企业的经营环境；能够分析企业的财务状况；能设置企业的初始状态，将财务数字再现到沙盘盘面上；能熟练运用市场规则；能够按照流程开展经营。

素养目标

培养学生敬业、精益、创新的工匠精神；培养学生严谨求实、一丝不苟的工作作风；培养学生遵纪守法和遵守行业企业标准的习惯；培养学生良好的专业语言表达与社会沟通能力；培养学生良好的团队合作精神；培养学生良好的职业道德和行为操守，诚实守信。

▶ 任务1　模拟企业简介 ◀

该企业是一个典型的离散制造型企业，创建已有三年，长期以来一直专注于某行业 P 系列产品的生产与经营。目前企业拥有自主厂房——大厂房，其中安装了三条手工生产线和一条半自动生产线，运行状态良好。所有生产设备全部生产 P1 产品，几年来一直在本地市场进行销售，有一定的知名度，客户也很满意。

一、企业的财务状况

财务状况是指企业资产、负债、所有者权益的构成情况及其相互关系。企业的财务状况由企业对外提供的主要财务报告——资产负债表来表述。资产负债表是根据资产、负债和所有者权益之间的相互关系，即"资产＝负债＋所有者权益"的恒等关系，按照一定的分类标准和一定的次序，把企业特定日期的资产、负债、所有者权益三项会计要素所属项目予以适当排列，并对日常会计工作中形成的会计数据进行加工、整理后编制而成的，其主要目的是反映企业在某一特定日期的财务状况。通过资产负债表，受训者可以了解企业所掌握的经济资源及其分布情况，了解企业的资本结构，分析、评价、预测企业的短期偿债能力和长期偿债能力，正确评估企业的经营业绩。

　　在"ERP 沙盘模拟"课程中，根据课程设计所涉及的业务对资产负债表中的项目进行了适当的简化，形成了表 2-1 所示的简易结构。

表 2-1　简易资产负债表　　　　　　　　　　　　　　　　　（单位：M）

资产	期初数	期末数	负债和所有者权益	期初数	期末数
流动资产：			负债：		
现金	20		长期负债	40	
应收款	15		短期负债		
在制品	8		应付账款		
成品	6		应交税金	1	
原材料	3		一年内到期的长期负债		
流动资产合计	52		负债合计	41	
固定资产：			所有者权益：		
土地和建筑	40		股东资本	50	
机器与设备	13		利润留存	11	
在建工程			年度净利	3	
固定资产合计	53		所有者权益合计	64	
资产总计	105		负债和所有者权益总计	105	

　　注：单位"M"是模拟货币单位，表示百万元，下同。

二、企业的经营成果

　　企业在一定期间的经营成果表现为企业在该期间所取得的利润，它是企业经济效益的综合体现，由利润表来表述。利润表是用来反映收入与费用相抵后确定的企业经营成果的会计报表。利润表的项目主要分为收入和费用两大类。

　　在"ERP 沙盘模拟"课程中，根据课程设计中所涉及的业务对利润表中的项目进行了适当的简化，形成了表 2-2 所示的简易结构。

表 2-2　简易利润表　　　　　　　　　　　　　　　　　　（单位：M）

项目	上年数	本年数
销售收入	35	
直接成本	12	
毛利	23	
综合费用	11	
折旧前利润	12	

（续）

项目	上年数	本年数
折旧	4	
支付利息前利润	8	
财务收入/支出	4	
其他收入/支出		
税前利润	4	
所得税	1	
净利润	3	

注：毛利＝销售收入－直接成本；折旧前利润＝毛利－综合费用；支付利息前利润＝折旧前利润－折旧；税前利润＝支付利息前利润＋财务收入－财务支出＋其他收入－其他支出；所得税＝税前利润×25%；净利润＝税前利润－所得税。

三、股东期望

由表 2-2 可以看出，企业上一年盈利 300 万元，增长已经放缓。生产设备陈旧；产品、市场单一；管理长期墨守成规，导致企业缺乏必要的活力，目前虽然尚未衰败，但也近乎停滞不前。鉴于此，公司董事会及全体股东决定将企业交给一批优秀的新人去发展，他们希望新的管理层能够把握时机，抓住机遇，投资新产品开发，使公司的市场地位得到进一步提升；在全球市场广泛开放之际，积极开发本地市场以外的新市场，进一步拓展市场领域；扩大生产规模，采用现代化生产手段，努力提高生产效率，全面带领企业进入快速发展阶段。

▶ 任务 2 初始状态设定 ◀

从资产负债表和利润表两张主要财务报告中虽然可以了解企业的财务状况及经营成果，但不能得到更为细节的内容，如长期借款何时到期，应收账款何时回笼等。为了让大家有一个公平的竞争环境，需要统一设定模拟企业的初始状态。

由表 2-1 可以看出，模拟企业总资产为 1.05 亿（模拟货币单位，亿元，下同），因此各组目前拥有 105 个单位为 M（百万元，下同）的币值（灰币）。下面就按照表 2-1 中各项目的排列顺序将企业资源分布状况复原到沙盘上，复原过程中尽量使各个角色各司其职，从熟悉本岗工作开始。

一、流动资产 52M

流动资产包括现金、应收款、存货等。其中，存货又细分为在制品、成品和原材料。

1. 现金 20M

财务总监拿出一满桶灰币（共计 20M）放置于现金库位置。

2. 应收款 15M

为获得尽可能多的客户，企业一般采用赊销策略，即允许客户一定期限内缴清货款而不是货到即付款。应收款是分账期的，财务总监拿一个空桶装 15 个灰币，置于盘面应收账款 3 账期位置。

提示：账期的单位为季度，季度用 Q 表示。离现金库最近的为 1 账期，最远的为 4 账期。

3. 在制品 8M

在制品是指处于加工过程中，尚未完工入库的产品。大厂房中有三条手工生产线、一条半自动生产线，每条生产线上各有 1 个 P1 产品。每条手工生产线有三个生产周期，靠近原料库的为第一周期，三条手工生产线上的 3 个 P1 在制品分别位于第一、二、三周期，将这三条手工生产线按其目前产品所处位置，给予生产线编号分别为手工 1、手工 2、手工 3 号线。半自动生产线有两个生产周期，P1 在制品位于第一周期。

每个 P1 产品成本由两部分构成：R1 原材料费 1M 和人工费 1M，取一个空桶放置一个 R1 原材料费（红色彩币）和一个人工费（灰币），构成 1 个 P1 产品。由生产总监、采购总监与财务总监配合制作四个 P1 在制品并摆放到生产线的相应位置上。

4. 成品 6M

P1 成品库中有 3 个成品，每个成品同样由 1 个 R1 原材料费 1M 和人工费 1M 构成。由生产总监、采购总监与财务总监配合制作 3 个 P1 成品，并摆放到 P1 的成品库中。

5. 原材料 3M

R1 原料库中有 3 个原材料，每个价值 1M。由采购总监取三个空桶，每个空桶中分别放置 1 个 R1 原材料，并摆放到 R1 原料库。

除以上需要明确表示的价值之外，还有已向供应商发出的采购订货，预定 R1 原材料两个，采购总监将两个空桶放置到 R1 原料订单处。如果原料订单较多，可以在对应原料订单处放置一个空桶，在桶内写清楚是什么原材料、几个订单。

二、固定资产 53M

固定资产包括土地及厂房（厂房含大厂房、中厂房、小厂房三种）、生产设备等。

1. 大厂房 40M

企业拥有自主厂房——大厂房，价值 40M。财务总监将等值资金用桶装好放置于大厂房价值处。

2. 设备价值 13M

企业创办三年来，已购置了三条手工生产线和一条半自动生产线，扣除折旧，目前手工生产线账面价值为 3M，半自动生产线账面价值为 4M，财务总监取四个空桶，分别置入 3M、3M、3M、4M，并放置于生产线下方的"生产线净值"处。

⚠️ **注意**：已经投入生产的生产线正面向上放置，正在建设、尚未建成的生产线正面向下放置。

三、负债 41M

负债包括短期负债、长期负债及各项应付款。

1. 长期负债 40M

企业有 40M 长期借款，分别于长期借款第 4 年和第 5 年到期。我们约定每个空桶代表 20M，财务总监取两个空桶分别置于第 4 年和第 5 年的位置。

提示：对长期借款来说，沙盘上的纵列代表年度，离现金库最近的为第 1 年，依次类推。对短期借款来说，沙盘上的纵列代表季度，离现金库最近的为第 1 季度，依次类推。

2. 应交税金 1M

企业上一年税前利润为 4M，按规定需交纳 1M 税金。在税金处放置一个空桶，在桶内放置一张写清楚应交多少税金的纸条。

至此，企业初始状态设定完成。

▶ 任务 3　企业运营规则 ◀

企业的正常运营涉及筹资、投资、生产、营销、研发、物流等各个方面，受到来自各个方面条件的制约，企业要想不断地提升自我，赢得竞争，必须能够熟练地掌握并运用市场规则。所以，在模拟经营决策之前，应熟练掌握以下运营规则：

一、市场开拓投资

1. 市场准入投资

市场准入投资规则见表 2-3。

表 2-3　市场准入投资规则

市场	所需投资	持续时间
区域	1M/年	1 年
国内	1M/年	2 年
亚洲	1M/年	3 年
国际	1M/年	4 年

　　目前企业在本地市场经营，新市场包括区域、国内、亚洲、国际市场，不同市场投入的费用及时间不同，市场开发投资按年度支付，允许同时开发多个市场，但每个市场每年最多投资 1M，不允许加速投资，但允许中断，市场开发完成后持开发费用到指导教师处领取市场准入证，之后才允许进入该市场选单。例如：第 1 年，进行余下 4 个市场的开拓，则第 1 年可以使用的市场有本地及区域两个市场；第 2 年对余下的 3 个市场继续进行开拓，则第 2 年有本地、区域、国内 3 个市场可用，依次类推。市场资格获准后仍需每年最少投入 1M 的市场维护费，否则视为放弃了该市场。

2. 市场认证投资

　　产品认证投资规则见表 2-4。

表 2-4　产品认证投资规则

管理体系	ISO9000	ISO14000
建立时间	2 年	2 年
所需投资	1M/年	1M/年

　　ISO 认证：两项认证投资可同时进行或延期，相应投资完成后领取 ISO 资格，研发投资与认证投资计入当年综合费用。如果产品订单上出现 ISO 字样，则只有进行 ISO 认证的企业才可以选取这个订单。

二、生产线投资

　　生产线购买、转产、维护、出售等规则见表 2-5。

表 2-5　生产线投资相关规则

生产线	买价	安装周期	生产周期	转产周期	转产费用	维护费用	出售残值
手工线	5M	无	3Q	无	无	1M/年	1M
半自动线	10M	2Q	2Q	1Q	1M	1M/年	2M
全自动线	15M	3Q	1Q	1Q	1M	1M/年	3M
柔性线	20M	4Q	1Q	无	无	1M/年	4M

所有生产线都能生产所有产品，所需支付的人工费均为 1M。

购买：投资新生产线时，手工生产线随时买、随时用，其他生产线按安装周期平均支付投资，全部投资到位的下一季度领取产品标识，开始生产。投资按季度平均支付，不能加速，但可以中断投资，投资完毕后的下一个季度才能使用。

转产：手工线及柔性线只要处于空闲状态，则可以生产任意已经研发成功的产品，不需要支付转产费用，也不需要停产；其他两种生产线转产新产品时，需要一定的转产周期并支付一定的转产费用，转产费用支付到期一个季度后方可更换产品标识，用以生产所要转产的产品。

维护：当年在建的生产线和当年出售的生产线不用交维护费，但是当年建成的生产线需要支付维护费。

出售：出售生产线时，如果生产线净值等于残值，将净值转换为现金，如果生产线净值大于残值，将相当于残值的部分转换为现金，将差额部分作为费用处理（综合费用－其他）。

⚠️ **注意**：出售生产线时，生产线净值不可能小于残值，因为当生产线净值等于残值时，不再计提折旧，但是生产线可以正常使用。

折旧：生产线建成的当年不用计提折旧，从建成的下一年开始计提折旧。所有设备需计算折旧费用的年限均为 4 年。4 年折旧完成后，若继续使用，则不再计提折旧，待设备出售时按残值出售。使用平均年限法计提折旧，折旧相关规则见表 2-6。

空闲生产线才能转产、才能上线生产，一条生产线只能生产一个产品，每生产一个产品，需要交纳 1M 的人工生产费用。

表 2-6　折旧相关规则

生产线	原值	残值	需折年限	第 1 年	第 2 年	第 3 年	第 4 年
手工线	5M	1M	4 年	1M	1M	1M	1M
半自动线	10M	2M	4 年	2M	2M	2M	2M
全自动线	15M	3M	4 年	3M	3M	3M	3M
柔性线	20M	4M	4 年	4M	4M	4M	4M

例1　在第 2 年第 1 季度开始投资建设 1 条手工线、1 条半自动线、1 条全自动线、1 条柔性线，全部生产线用于生产 P2 产品。其中，柔性生产线在第 2 年第 3 季度中断投资，第 4 季度继续投资，第 3 年第 2 季度全自动生产线转产 P3，第 4 年第 2 季度将半自动线变卖，则各条生产线盘面摆放相关步骤如下：

第一步，到指导教师处领取这 4 种生产线标识，以及 4 个 P2 产品的生产标识。

第二步，将手工线的标识正面向上摆放，生产线标识正面向上表示该生产线已经建成，可以使用；其他 3 种生产线的标识正面向下摆放。

第三步，将 P2 标识摆放在这 4 种生产线下方的产品标识处，代表这 4 条生产线生产的产品都是 P2。

第四步，在生产线下方的"生产线净值"处放置一个空桶，根据生产线的投资额，每季度往空桶里放 5M，直到达到投资要求。

例 1 各条生产线情况见表 2-7。

表 2-7　例 1 各条生产线情况

生产线	手工线	半自动线	全自动线	柔性线
第 2 年 1Q	5M	5M	5M	5M
建成	是	否	否	否
第 2 年 2Q		5M	5M	5M
第 2 年 3Q		建成	5M	中断投资 0
第 2 年 4Q			建成	5M
第 2 年维护费	1M	1M	1M	0M
第 2 年折旧费	生产线建成当年不计提折旧			在建
第 2 年生产线净值	5M	10M	15M	15M
第 3 年 1Q				5M
第 3 年 2Q			此季度该生产线空闲，先确认转产 P3 并且当季需要停产，下个季度才能进行生产	建成
第 3 年 3Q			可以生产 P3	
第 3 年 4Q				
第 3 年维护费	1M	1M	1M	1M
第 3 年折旧费	1M	2M	3M	0M
第 3 年转产费	0M	0M	1M	0M
第 3 年生产线净值	4M	8M	12M	20M
第 4 年 2Q		变卖。变卖时，该生产线净值是 8M，只能获得净值 2M 现金，亏损 6M，这 6M 放置在综合费用中的其他		
第 4 年维护费	1M	在建及变卖的生产线无须支付维护费	1M	1M
第 4 年折旧费	1M	0M	3M	4M
第 4 年生产线净值	3M	0M	9M	16M

例 1 重要说明：

生产线变卖的原理是：生产线原始成本 = 生产线净值 + 该生产线已经计提的累计折旧。变卖的价格可能大于、等于、小于生产线净值，分别表示企业在变卖此生产线时盈利、保本、亏损。在会计上，因生产线变卖，盈利用营业外收入表示，亏损用营业外支出表示，在本模拟课程中，企业变卖生产线的价格是不变的，永远等于生产线的净残值，而净残值只能小于或等于生产线的净值，故只有亏损与不亏损这两种情况。不亏损即保本，不需要处理，只需将变卖生产线的货币放入现金中即可；亏损则一方面将该生产线的净残值放入现金，另一方面将亏损金额直接放置在综合费用中的其他。

三、厂房投资

厂房购买、租赁与出售等相关规则见表 2-8。

表 2-8　厂房投资相关规则

厂房	买价	租金	售价	容量
大厂房	40M	5M/年	40M（4Q）	6 条生产线
小厂房	30M	3M/年	30M（4Q）	4 条生产线

年底决定厂房是购买还是租赁，已经购买的厂房在任何时候都可以按原价出售，出售厂房计入 4Q 应收款，购买后将购买价放在厂房价值处，厂房不计提折旧，只有空厂房才可以退租，但是租的厂房租转买时无须考虑厂房内是否有生产线。

四、产品研发投资

产品研发投资相关规则见表 2-9。

表 2-9　产品研发投资相关规则

产品	P2	P3	P4
研发时间	3Q	4Q	5Q
研发投资	3M	4M	5M

新产品研发投资可以同时进行，按季度平均支付或延期，资金短缺时可以中断，但必须完成投资后方可接单生产。如果有研发投资，则每季度将研发投资计入综合费用，研发投资完成后持全部投资换取产品生产资格证。

例 2　第 2 年第 1 季度开始研发 P2、P3、P4，研发不中断，则各产品研发完成时间如下：

P2 完成时间为第 2 年第 4 季度。

P3 完成时间为第 3 年第 1 季度。

P4 完成时间为第 3 年第 2 季度。

五、产品成本构成

产品成本构成规则见表 2-10。

表 2-10　产品成本构成规则

产品	成本构成			总成本
P1	1M 人工	1R1		2M
P2	1M 人工	1R2	1R3	3M
P3	1M 人工	1R1	1R2	1R3	4M
P4	1M 人工	1R2	1R3	2R4	5M

表 2-10 中，R1 为红币，R2 为橙币，R3 为蓝币，R4 为绿币，均表示原材料（假设成本价格与人工相同，均为 1M）。R1、R2 提前一期下订单，R3、R4 提前两期订单，原料订单到期必须支付购货款，并将原材料放入对应的原料库中。若构成产品的原材料短缺，则产品无法生产，只能停工。

六、资金筹集

融资贷款与资金贴现规则见表 2-11。

表 2-11　融资贷款与资金贴现规则

贷款类型	贷款时间	贷款额度	年息	还款方式
长期贷款	每年年初	所有长贷和短贷之和不能超过上年权益的 3 倍	10%	年初付息，到期还本 每次贷款为 10 的倍数
短期贷款	每季度初		5%	到期一次还本付息 每次贷款为 20 的倍数
资金贴现	任何时间	视应收款额	10%（1Q，2Q） 12.5%（3Q，4Q）	1、2 期 10M 应收款交 1M 贴现费，小于 10M 的均收取 1M 贴现费。3、4 期应收款按 1:7 的比例贴现（8M 应收款，交 1M 贴现费；小于 8M 的贴现；也收取 1M 贴现费）
库存拍卖	原材料八折，成品按成本价			

1）长期贷款每年必须归还利息，到期还本，本利双清后，如果还有额度，才允许重新申请贷款。即如果有贷款需要归还，同时还拥有贷款额度时，必须先归还到期的贷款，

才能申请新贷款。不能以新贷还旧贷（续贷），短期贷款也按本规定执行。

2）结束年时，不要求归还没有到期的各类贷款。

3）长期贷款最多可贷 5 年。

4）所有的贷款不允许提前还款。

5）贴现示例。

例 3 企业现有应收账款分别为 1 期 25M、2 期 23M、3 期 10M、4 期 9M，如果将所有的应收账款全部贴现，那么企业可以获得多少现金及需要支付多少贴息？

答：1 期贴现得现金 = 25M − 25M × 10% = 22.5M

即 1 期贴现得现金 22M，需支付贴息 3M（2.5M 需要取整数，故为 3M）。

2 期贴现得现金 = 23M − 23M × 10% = 20.7M

即 2 期贴现得现金 20M，需支付贴息 3M（2.3M 需要取整数，故为 3M）。

3 期贴现得现金 = 10M − 10M × 12.5% = 8.75M

即 3 期贴现得现金 8M，需支付贴息 2M（1.25M 需要取整数，故为 2M）。

4 期贴现得现金 = 9M − 9M × 12.5% = 7.875M

即 3 期贴现得现金 7M，需支付贴息 2M（1.125M 需要取整数，故为 2M）。

虽然应收账款 1 期与 2 期贴现利率都是 10%，但是不允许将应收账款 1 期与 2 期金额合并后贴现。

七、广告竞单

1）订货会年初召开，一年只召开一次。

说明：在该年年初的订货会上无论是否拿到订单，在当年的经营过程中，都再也没有获得其他订单的机会。

2）广告费分市场、分产品投放，订单按市场、按产品发放。

第 1 年第 3 组广告投放见表 2-12。

表 2-12 第 1 年第 3 组广告投放

产品	本地市场	区域市场	国内市场	亚洲市场	国际市场
P1	3M	1M			
P2	4M	9M	第 1 年最多只有本地及区域 2 个市场可用，其余 3 个市场无须投放广告		
P3	0M	0M			
P4	0M	0M			

发放订单顺序：P1、P2、P3、P4 本地市场；P1、P2、P3、P4 区域市场。

3）广告费每投入 1M，可获得一次拿单的机会，另外要获得下一张订单的机会，还需要再投入 2M，以此类推，每多投入 2M 就拥有多拿一张订单的机会。广告费用计算组合为 $(1+2n)$ M（其中 n 为整数）。但是，最终能拿到几张订单取决于当年的市场需求和竞争状况。

由表 2-12 可知，第 1 年第 3 组在 P2 区域市场投放广告费为 9M，理论上第 3 组可以在此市场有 5 次选单机会，但是图 2-1 显示，P2 区域市场只有 3 张单，即使其他组都没有投放 P2 区域市场的广告，第 3 组最多只能选 3 次单。

4）销售排名及市场老大规则。每年竞单完成后，根据某个市场的总订单销售额排出销售排名；排名第一的为市场老大，下年可以不参加该市场的选单排名而优先选单；其余的公司仍按选单排名方式确定选单顺序。

第 1 年　　区域市场　　RP2-1/3	第 1 年　　区域市场　　RP2-2/3
产品数量：　4P2	产品数量：　2P2
产品单价：　6M/个	产品单价：　6.5M/个
总 金 额：　24M	总 金 额：　13M
应收账期：　3Q	应收账期：　2Q

第 1 年　　区域市场　　RP2-3/3
产品数量：　1P2
产品单价：　7M/个
总 金 额：　7M
应收账期：　1Q

图 2-1　第 1 年 P2 区域市场订单

P3 广告亚洲市场投放情况见表 2-13。

表 2-13　P3 广告亚洲市场投放情况

公司	P3 广告费	广告完成时间	上年排名
A	1M	9:40	1
B	2M	9:28	2
C	2M	9:30	4
D	5M	9:35	3

亚洲市场 P3 选单的顺序为：

①由 A 公司选单。虽然 A 公司投入 P3 产品的广告费低于其余 3 家公司，但其上年在亚洲市场上的销售额排名第一，因此不以其投入广告费的多少来选单，而直接优先选单。

②由 D 公司选单。投入 P3 的广告费最高，为 5M。

③由 B 公司选单。虽然 B 公司在 P3 的产品广告费上与 C 公司相同，但 B 公司广告完

成时间比 C 公司早，因此，在广告费用相同的情况下，根据时间优先原则，B 公司先于 C 公司选单。

④由 C 公司选单。由于 C 公司投入的 P3 产品的广告费用与 B 公司相同，但广告完成时间迟于 B 公司，因此后于 B 公司选单。

5）选单排名顺序和流程。第一次以投入某个产品广告费用的多少产生该产品的选单顺序；如果该产品投入一样，按本次市场的广告总投入量进行排名；如果市场广告总投入量一样，按上年的该市场排名顺序排名；如果上年排名相同，采用竞标式选单，即把某一订单的销售价、账期去掉，按竞标公司所出的销售价和账期确定谁获得该订单（按出价低、账期长的顺序发单）。按选单顺序先选第一轮，每公司一轮，只能有一次机会，选择 1 张订单。第二轮按顺序再选，选单机会用完的公司则退出选单。P1 广告国际市场投放情况见表 2-14，P2 广告国际市场投放情况见表 2-15。

表 2-14　P1 广告国际市场投放情况

公司	P1 广告费	ISO9000	ISO14000	广告费总和	上年排名
A	3M			3M	2
B	1M	1M		4M	3
C	1M	1M		3M	5
D					4
E					1

表 2-15　P2 广告国际市场投放情况

公司	P2 广告费	ISO9000	ISO14000	广告费总和	上年排名
A				3M	2
B	1M			4M	3
C	1M			3M	5
D	1M	1M	1M	3M	4
E					1

国际市场 P1 选单的顺序为：

①由 A 公司选单。在国际市场上，市场老大 E 公司没有投入 P1 产品的广告费，而 A 公司投入 P1 的广告费最高，为 3M。

②由 B 公司选单。虽然 B 公司在 P1 的产品广告费上与 C 公司相同，但投入在国际市场上的总广告费用为 4M，而 C 公司投入国际市场上的总广告费用为 3M，因此，B 公司先于 C 公司选单。

③由 C 公司选单。由于 C 公司投入的 P1 产品的广告费用与 B 公司相同，但在国际市

场上的总广告费投入低于 B 公司，因此后于 B 公司选单。

④由 A 公司再选单。A 公司投入 P1 产品的广告费组合为（1 + 2）M，因此获得多一次的选单机会。（其他公司 P1 产品广告费为 1M，只有 1 次选单机会。）

国际市场 P2 选单的顺序为：

①由 B 公司选单。在国际市场上，市场老大 E 公司没有投入 P2 产品的广告费，虽然 B、C、D 公司在 P2 产品上投入的广告费用相同，但在国际市场上的总广告费投入 B 公司最高，因此最先选单。

②由 D 公司选单。虽然 D 公司在 P2 的产品广告费上与 C 公司相同，且在国际市场上的总广告费也与 C 公司相同，但在上年的经营过程中，D 公司排名第 4，C 公司排名第 5，因此，D 公司先于 C 公司选单。

③由 C 公司选单。虽然 C 公司在 P2 的产品广告费上与 D 公司相同，且在国际市场上的总广告费也与 D 公司相同，但在上年的经营过程中，D 公司排名第 3，C 公司排名第 4，因此，后于 D 公司选单。

说明：在实际操作中，通常不采用这种做法，因为它太麻烦；常用方法是在广告费用投入相同的情况下，依据时间优先原则进行选单排序。

6）订单种类。第一类为普通订单，在一年之内任何交货期均可交货，订单上的账期表示客户收货时货款的交付方式。例如：0 账期，表示采用现金付款；3 账期，表示客户付给企业的是 3 个季度的应收账款。订单样图如图 2 - 2 所示。

第 3 年	本地市场	P2 - 1/4
产品数量：2P2		
产品单价：8.5M/个		
总金额：17M		
账期：3Q		
普通（加急或 ISO）		

图 2 - 2　订单样图

第二类为加急订单，第 1 季度必须交货，若不按期交货，则会受到相应的处罚。

第三类为 ISO9000 或 ISO14000 订单，要求具有 ISO9000 或 ISO14000 资格，并且在市场广告上投放了 ISO9000 或 ISO14000 广告费的公司，才可以拿单，且对该市场上的所有产品均有效。

7）交货规则。必须按照订单规定的数量整单交货。

例如，企业第 2 年获得的订单分别是 4P1、5P3、3P2，企业第 2 年第 1 季度库存产品有 3 个 P1、2 个 P3、1 个 P2，则第 1 季度因为库存不足无法交货；第 2 季度生产的产品加上第 1 季度的库存产品共有 5 个 P1、4 个 P3、3 个 P2，则第 2 季度可以交货 4 个 P1、3 个 P2，P3 因为库存不足不能交货。

8）违约处罚规则。所有订单必须在规定的期限内完成（按订单上的产品数量交货），即加急订单必须在第 1 季度交货，普通订单必须在本年度交货等。如果订单没有完成，按下列条款加以处罚：

①下年市场地位下降一级（如果是市场第一的，则该市场第一空缺，所有公司均没有优先选单的资格）。

②交货时扣除订单额 20%（取整）作为违约金。

例如，A 公司在第 2 年时为本地市场的老大，且在本地市场上有一张订单总额为 20M，但由于产能计算失误，在第 2 年不能交货，则在参加第 3 年本地市场订货会时丧失市场老大的订单选择优先权，并且在第 3 年该订单必须首先交货，交货时需要扣除 4M（20M×20%）的违约金，只能获得 16M 的货款。

说明： 这是软件生产企业给出的违约处理方法，通常不按此例题处理，直接在订单违约的当年按订单金额的 20% 扣除违约金，与此同时，订单作废，不需要再交此订单。

八、破产规则

任一经营期内，当所有者权益小于零（资不抵债）和现金断流时为破产。破产后，企业仍可以继续经营，但必须严格按照产能争取订单（每次竞单前需要向裁判提交产能报告），严格按照明确的规定进行资金注入，破产的对抗参赛队伍不参加最后的成绩排名。

⚠ **注意：** 任何时候现金断流都必须破产，但是所有者权益是在当年结束时进行判定。

项目三　ERP手工沙盘演练

知识目标

掌握新年度规划会议的内容；掌握参加订货会的注意事项、支付广告费的考虑因素、登记销售订单的内容；熟悉新年度计划考虑的因素和包括的内容；熟悉应付税计算的考虑因素；掌握企业的运营过程；熟练运用对各种账项进行计算和结转的方法；熟悉编制各种报表的方法；掌握计算当年经营成果的方法；厘清对当年经营情况进行分析总结的思路与方法。

能力目标

学会召开新年度规划会议，能够根据各位主管掌握的信息和企业的实际情况，初步提出企业在新一年的各项投资规划，根据规划精确地计算出企业在该年的产品完工数量，确定企业的可接订单数量；参加订货会，学会争取销售订单；学会如何结合企业支付能力，投放广告费；学会正确登记销售订单的内容，并根据销售订单对前期制订的新年度规划进行调整，制订新年度工作计划；学会如何计算应付税；按企业在日常运行过程中的先后顺序和操作要点进行企业经营；能够对各种账项进行计算和结转；能够编制各种报表；能够计算当年的经营成果；能对当年经营情况进行分析总结。

素养目标

培养学生精益、创新等方面的工匠精神；培养学生认真负责、踏实敬业的工作态度；培养学生遵纪守法和遵守行业企业标准的习惯；培养学生良好的职业道德和行为操守，以及不冒算多算、不弄虚作假、实事求是的职业素养；培养学生良好的专业语言表达与社会沟通能力；培养学生良好的团队合作精神；培养学生节约资源、降低生产成本的社会责任感。

▶ 任务 1　企业运营流程 ◀

一、企业运营流程表

企业运营流程表见表 3-1。

表 3-1　企业运营流程表

企业运营流程 请按顺序执行下列各项操作	每执行完一项操作，CEO 在相应的方格内打"√"。 财务总监（助理）在方格中填写现金收支情况。			
新年度规划会议				
参加订货会/登记销售订单				
制订新年度计划				
支付应付税				
季初现金盘点（请填余额）				
更新短期贷款/还本付息/申请短期贷款				
原材料入库/更新原料订单				
下原料订单				
更新生产/完工入库				
投资新生产线/变卖生产线/生产线转产				
开始下一批生产				
更新应收款/应收款收现				
出售厂房				
按订单交货				
产品研发投资				
支付行政管理费				
其他现金收支情况登记				
支付利息/更新长期贷款/申请长期贷款				
支付设备维护费				
支付租金/购买厂房				
计提折旧				
新市场开拓/ISO 资格认证投资				
结账				
现金收入合计				
现金支出合计				
期末现金对账（请填余额）				

二、任务清单

任务清单代表了企业简化的工作流程，也是企业竞争模拟中各项工作需要遵守的执行顺序。分为年初 4 项工作、按季度执行的 19 项工作和年末需要做的 6 项工作。执行任务清单时由 CEO 主持，团队成员各司其职，有条不紊，每执行完一项任务，CEO 在方格中打 "√" 作为完成标志。

现金是企业的 "血液"。伴随着企业各项活动的进行，会发生现金的流动。为了清晰记录现金的流入和流出，我们在任务清单中设置了现金收支明细登记。CEO 带领大家执行任务时，如果涉及现金收付，财务总监在收付现金的同时，要相应地在方格内登记现金收支情况。

提示：执行任务清单时，必须按照自上而下、自左至右的顺序严格执行。

1. 年初 4 项工作

（1）新年度规划会议

新的一年开始之际，企业管理团队要制定企业战略，做出经营规划、设备投资规划、营销策划方案等。具体来讲，需要进行销售预算和可承诺量的计算。

常言道："预则立，不预则废。"预算是企业经营决策和长期投资决策目标的一种数量表现，即通过有关的数据将企业全部经济活动的各项目标具体地、系统地反映出来。销售预算是编制预算的关键和起点，主要是对本年度要达成的销售目标的预测，销售预算的内容是销售数量、单价和销售收入等。

可承诺量（Available to Promise，ATP）的计算：参加订货会之前，需要计算企业的可接单量。企业可接单量主要取决于现有库存和生产能力，因此产能计算的准确性直接影响销售交付。

（2）参加订货会/登记销售订单

参加订货会：各企业派销售总监参加销售会议，按照市场地位、广告投放、竞争态势、市场需求等条件分配客户订单。

提示：争取客户订单前，应以企业的产能、设备投资计划等为依据，避免接单不足，设备闲置或盲目接单，无法按时交货，引起企业信誉度降低。

登记销售订单：客户订单相当于与企业签订的订货合同，需要进行登记管理。销售总监领取订单后，负责将订单登记在 "订单登记表" 中，记录每张订单的订单号、所属市场、所订产品、产品数量、订单销售额、应收账期；将广告费放置在沙盘上的 "广告费" 位置。财务总监记录支出的广告费。

（3）制订新年度计划

在明确新年（当年）的销售任务后，需要以销售为龙头，结合企业对未来的预期，编制生产计划、采购计划、设备投资计划并进行相应的资金预算。将企业的供产销活动有机结合起来，使企业各部门的工作形成一个有机的整体。

（4）支付应付税

依法纳税是每个企业和公民的义务。财务总监按照上一年度利润表中的"所得税"一项的数值取出相应的现金放置于沙盘上的"税金"处，并做好现金收支记录。

2. 每季度 19 项工作

（1）季初现金盘点

财务总监盘点目前现金库中的现金，并记录现金余额。

（2）更新短期贷款/还本付息/申请短期贷款

更新短期贷款：如果企业有短期贷款，则财务总监将空桶向现金库方向移动一格。移至现金库时，表示短期贷款到期。

还本付息：短期贷款的还款规则是利随本清。短期贷款到期时，每桶需要支付 $20M \times 5\% = 1M$ 的利息，因此，本金与利息共计 21M。财务总监从现金库中取出现金，其中 20M 还给银行，1M 放置于沙盘上的"利息"处并做好现金收支记录。

申请短期贷款：短期贷款只有在这一时点上可以申请，可以申请的最高额度为：上一年所有者权益 ×3 - （已有短期贷款 + 已有长期贷款）。

（3）更新应付款/归还应付款

沙盘没有设置此项。

（4）原材料入库/更新原材料订单

供应商发出的订货已抵达企业时，企业必须无条件接受货物并支付料款。采购总监将原料订单区中的空桶向原料库方向推进一格，到达原料库时，向财务总监申请原材料款，支付给供应商，换取相应的原材料。如果现金支付，财务总监要做好现金收支记录；如果启用应付账款，运营总监在沙盘上做相应标记。

（5）下原材料订单

采购总监根据年初制订的采购计划，决定采购的原材料的品种及数量，每个空桶代表一批原材料，将相应数量的空桶置于对应的原料订单处，如果订单较多，可以在空桶内放置写好所订原材料数量的纸条。

（6）更新生产/完工入库

由生产总监将手工生产线、半自动生产线上的在制品向上推进一格，全自动及柔性生产线直接更新进入相应的产品库，更新之后，有产品入库的生产线称为产品下线，此时这条生产线处于空闲状态。

（7）投资新生产线/变卖生产线/生产线转产

投资新生产线：投资新设备时，生产总监向指导老师领取新生产线标识，翻转放置于某厂房相应位置，其上放置与该项生产线安装周期相同的空桶数，每个季度向财务总监申请建设资金，额度＝设备购置价值/安装周期，财务总监做好现金收支记录。在全部投资完成后的下一季度，将生产线标识翻转过来，领取产品标识，可以开始投入使用。

变卖生产线：当生产线上的在制品完工后，可以变卖生产线。如果此时该生产线净值＞残值，从生产线净值中取出等同于残值的部分置于现金库，将差额部分置于综合费用的其他项。财务总监做好现金收支记录。

生产线转产：生产线转产是指某生产线转产生产其他产品。不同生产线类型转产所需的调整时间及资金投入是不同的。如果需要转产且该生产线需要一定的转产周期及转产费用，则生产总监翻转生产线标识，按季度向财务总监申请并支付转产费用，停工满足转产周期要求并支付全部的转产费用后，再次翻转生产线标识，领取新的产品标识，开始新的生产。财务总监做好现金收支记录。

提示：生产线一旦建设完成，不得在各厂房间随意移动。

（8）紧急采购原材料/出售原材料

新产品上线时，原料库中必须备有足够的原材料，否则需要停工待料。这时采购总监可以考虑向指导教师紧急购买。购买价格是正常价格的 2 倍，购买方将差额记入利润表中的其他支出，财务总监做好现金收支记录。

（9）开始下一批生产

在更新生产/完工入库之后，某些生产线的在制品已经完工，生产线处于空闲状态，可以考虑开始生产新产品。由生产总监按照产品结构从原料库中取出原材料，并向财务总监申请加工费，将上线产品摆放到离原料库最近的生产周期。

（10）更新应收款/应收款收现

财务总监将应收款向现金库方向推进一格。到达现金库时，做好现金收支记录。

例如，更新前处于应收账款第 3 季度状态，更新后移到第 2 季度。

（11）出售厂房

资金不足时可以出售厂房，厂房按购买价出售，但得到的是 4 账期应收账款。

（12）紧急购买成品/出售成品

如果产能计算有误，有可能本年度不能交付客户订单，这样不仅信誉尽失，而且要接受订单总额的 20% 的罚款。这时销售总监可以考虑向指导教师紧急购买产品，购买价格是成本价的 3 倍，购买方将差价记入其他，财务总监做好现金收支记录。

（13）按订单交货

销售总监检查各成品库中的成品数量是否满足客户订单要求，若满足，则按照客户订单交付约定数量的产品给客户，并在订单登记表中登记该批产品的成本。客户按订单收货，并按订单上列明的条件支付货款，若为现金付款，销售总监直接将现金放置于现金库，财务总监做好现金收支记录；若为应收账款，销售总监将现金置于应收账款相应账期处。

（14）产品研发投资

按照年初制订的产品研发计划，生产总监向财务总监申请研发资金，置于相应产品生产资格位置。财务总监做好现金收支记录。

（15）支付行政管理费

管理费用是企业为了维持运营发放的管理人员工资、必要的差旅费、招待费等。财务总监取出1M摆放在"管理费"处，并做好现金收支记录。

（16）其他现金收支情况登记

除以上引起现金流动的项目外，还有一些引起没有对应项目的，如应收账款贴现、高利贷支付的费用等，可以直接记入在该项中。

（17）现金收入合计

统计本季度现金收入总额。

（18）现金支出合计

统计本季度现金支出总额。第4季度的统计数字中包括第4季度本身的和年底发生的。

（19）期末现金对账

1～3季度及年末，财务总监盘点现金余额并做好登记。

以上19项工作每个季度都要执行。

3. 年末6项工作

（1）支付利息/更新长期贷款/申请长期贷款

支付利息：长期贷款的还款规则是每年付息，到期还本。如果当年末到期，每桶需要支付$20M \times 10\% = 2M$的利息，财务总监从现金库中取出长期贷款利息置于沙盘上的"利息"处，并做好现金收支记录。长期贷款到期时，财务总监从现金库中取出现金归还本金及当年的利息，并做好现金收支记录。

更新长期贷款：如果企业有长期贷款，则财务总监将空桶向现金库方向移动一格；当移至现金库时，表示长期贷款到期。

申请长期贷款：长期贷款只有在每年年末可以申请。可以申请的额度为：上一年所有

者权益 ×3 −（已有长期贷款 + 已有短期贷款）。

（2）支付设备维护费

在用的每条生产线支付 1M 的维护费。财务总监取相应现金置于沙盘上的"维护费"处，并做好现金收支记录。

（3）支付租金/购买厂房

大厂房为自主厂房，如果本年在小厂房中安装了生产线，此时要决定该厂房是购买还是租用。如果购买，则财务总监取出价值相等的现金置于沙盘上的"厂房价值"处；如果租赁，则财务总监取出与厂房租金相等的现金置于沙盘上的"租金"处，无论购买还是租赁，财务总监都应做好现金收支记录。

（4）计提折旧

厂房不计提折旧，设备计提折旧，在建工程及当年报建设备不计提折旧。财务总监从设备价值中取折旧费置于沙盘上的"折旧"处。当设备价值下降至与该生产线净值相等时，不再计提折旧。

（5）新市场开拓/ISO 资格认证投资

新市场开拓：财务总监取出现金放置在要开拓的市场区域，并做好现金收支记录。市场开发完成，从指导老师处领取相应的市场准入证。

ISO 资格认证投资：财务总监取出现金放置在要认证的区域，并做好现金收支记录。认证完成，从指导老师处领取 ISO 资格证。

（6）结账

一年的经营下来，年终要做一次"盘点"，编制利润表和资产负债表。

在报表做好之后，指导老师将会取走沙盘上企业已支出的各项成本，为来年做好准备。

▶ 任务 2　市场预测 ◀

这是由一家权威的市场调研机构对未来八年内各个市场的需求所做的预测，该预测具有很高的可信度。但根据这一预测进行企业的经营运作，其后果将由各企业自行承担。

P1 产品是目前市场上的主流产品，P2 是 P1 的技术改良产品，也比较容易获得大众的认同。

P3 和 P4 产品作为 P 系列产品里的高端产品，各个市场上对它们的认同度不尽相同，需求量与价格也会有较大的差异。

因P1产品带有较浓的地域色彩，估计国内市场对P1产品不会有持久的需求。但P2产品因更适合于国内市场，估计需求一直比较平稳。随着人们对P系列产品的逐渐认同，估计对P3产品的需求会发展较快，但对P4产品的需求就不一定像P3产品那样旺盛了。当然，对高价值的产品来说，客户一定会更注重产品的质量认证。

区域市场的客户相对稳定，对P系列产品需求的变化很有可能比较平稳。因紧邻本地市场，所以产品需求量的走势可能与本地市场相似，价格趋势也应大致一样。该市场容量有限，对高端产品的需求也可能相对较小，但客户会对产品的ISO9000和ISO14000认证有较高的要求。

市场一向波动较大，所以对P1产品的需求可能起伏较大，估计对P2产品的需求走势与P1相似。但该市场对新产品很敏感，因此估计对P3、P4产品的需求量会发展较快，价格也可能不菲。另外，这个市场的消费者很看重产品的质量，所以没有ISO9000和ISO14000认证的产品可能很难销售。

P系列产品进入国际市场可能需要一个较长的时期。有迹象表明，市场对P1产品已经有所认同，但还需要一段时间才能被接受。同样，市场对P2、P3和P4产品也会很谨慎地接受，需求发展较慢（见表3-2～表3-11）。当然，国际市场的客户也会关注具有ISO认证的产品。

表3-2 本地市场需求量（单位：个）

年份	P1	P2	P3	P4
第1年	28	0	0	0
第2年	25	10	6	0
第3年	23	17	10	0
第4年	22	20	11	0
第5年	20	24	18	8
第6年	15	19	23	10

表3-3 本地市场产品均价（单位：M）

年份	P1	P2	P3	P4
第1年	4.86	0	0	0
第2年	4.64	6.20	8	0
第3年	4.78	7.94	7.50	0
第4年	4.36	8.15	8.00	0
第5年	4.10	7.08	8.50	9.25
第6年	3.53	6.16	9.00	9.70

表3-4 区域市场需求量（单位：个）

年份	P1	P2	P3	P4
第1年	9	7	0	0
第2年	7	10	0	0
第3年	6	13	7	0
第4年	7	17	10	5
第5年	8	13	13	7
第6年	6	13	14	10

表3-5 区域市场产品均价（单位：M）

年份	P1	P2	P3	P4
第1年	4.89	6.29	0	0
第2年	4.71	6.60	0	0
第3年	4.33	7.77	8.00	0
第4年	4.86	7.35	7.80	8.80
第5年	4.75	6.23	8.77	9.29
第6年	4.50	7.23	8.93	10.00

表 3-6　国内市场需求量（单位：个）

年份	P1	P2	P3	P4
第 1 年	0	0	0	0
第 2 年	13	9	3	0
第 3 年	17	15	7	0
第 4 年	16	20	7	0
第 5 年	17	18	4	4
第 6 年	11	15	17	7

表 3-7　国内市场产品均价（单位：M）

年份	P1	P2	P3	P4
第 1 年	0	0	0	0
第 2 年	4.92	7.89	8.00	0
第 3 年	4.94	8.13	8.14	0
第 4 年	4.19	7.95	8.57	0
第 5 年	3.88	6.94	8.53	9.75
第 6 年	3.64	5.73	9.18	10.29

表 3-8　亚洲市场需求量（单位：个）

年份	P1	P2	P3	P4
第 1 年	0	0	0	0
第 2 年	0	0	0	0
第 3 年	14	12	6	0
第 4 年	15	20	11	0
第 5 年	15	18	15	5
第 6 年	12	17	18	9

表 3-9　亚洲市场产品均价（单位：M）

年份	P1	P2	P3	P4
第 1 年	0	0	0	0
第 2 年	0	0	0	0
第 3 年	4.50	7.00	7.67	0
第 4 年	4.00	6.9	8.36	0
第 5 年	3.73	6.39	8.60	10.00
第 6 年	3.08	6.47	10	10.67

表 3-10　国际市场需求量（单位：个）

年份	P1	P2	P3	P4
第 1 年	0	0	0	0
第 2 年	0	0	0	0
第 3 年	0	0	0	0
第 4 年	21	7	0	0
第 5 年	26	9	0	0
第 6 年	21	12	8	0

表 3-11　国际市场产品均价（单位：M）

年份	P1	P2	P3	P4
第 1 年	0	0	0	0
第 2 年	0	0	0	0
第 3 年	0	0	0	0
第 4 年	5.52	6.86	0	0
第 5 年	5.35	6.89	0	0
第 6 年	5.95	6.75	8.63	0

▶任务 3　实战演练——完成起始年任务 ◀

此部分是教师向学员演示并完成起始年任务。

一、年初 4 项任务

（一）新年度规划会议

新年度规划会议在每运营年度开始时召开，在任务清单中只需打"√"。起始年年度规划会议主要确定的内容如下：

1. 本年生产计划

表 3-12 显示，起始年一共可生产 6 个 P1，分别为第 1 季度下线 1 个 P1，第 2 季度下线

2个P1，第3季度下线1个P1，第4季度下线2个P1；期初P1库存3个，故有9个P1产品可供出售。

表3-12　起始年生产计划

季度	手工线1		手工线2		手工线3		半自动线	
	下线	投产	下线	投产	下线	投产	下线	投产
1Q					1个P1	1个P1		
2Q			1个P1	1个P1			1个P1	1个P1
3Q	1个P1	1个P1						
4Q					1个P1	1个P1	1个P1	1个P1

注：手工线根据初始状态分别编号为手工线1、手工线2、手工线3，以后不再做说明。

2. 市场

目前，本地市场可以投放广告。

3. 融资计划

本年初始所有者权益为64M，银行提供的贷款额度为64M×3＝192M，企业初始有长期贷款40M，本年可以贷款的额度为192M－40M＝152M，目前企业有20M现金，支付当年广告费需要1M，支付应交税金需要1M，在起始年开始经营之前，企业余现金18M，完全可以满足接下来的企业经营资金周转，故暂时不做融资计划。

4. 市场开拓计划

市场开拓计划见表3-13。

表3-13　市场开拓计划

年份	本地市场	区域市场	国内市场	亚洲市场	国际市场
第0年	已有	1M	1M	1M	1M
第1年			1M	1M	1M
第2年				1M	1M
第3年					1M

5. 设备购置计划

企业目前有3条手工生产线和1条半自动生产线，虽然生产线落后，但是从市场预测来看，第1年市场竞争非常激烈，如果企业在起始年引入新的先进生产线，则第1年新建的生产线生产出来的产品有可能因为市场竞争激烈，而出现大量产品积压，与其如此，起始年可以暂时不考虑购置新的生产设备。

6. 新产品开发计划

根据规则，新产品研发周期最长的是5个研发周期。根据市场预测，如果起始年研发出新产品 P2 或 P3，第 1 年市场对 P3 产品没有需求，对 P2 产品只是少量需求，且单位产品价格低，就增加了企业的研发费用，没有产生效益，反而导致企业当年的所有者权益降低，不利于以后年度战略计划的展开，故起始年不进行新产品研发为上策。

7. 进行产品认证

⚠ **注意**：物理沙盘与电子沙盘最大的区别在于产品认证的重要性，物理沙盘产品认证一般需要在第 5 年之后才能看到效果，而且需要投放认证方面的广告费，但是从市场预测来看，认证产品的价格并没有高出多少。实际上在物理沙盘中，产品认证可以考虑，也可以不考虑。但在电子沙盘中，产品认证至关重要，必须要进行产品认证，否则企业发展潜力会受到极大制约。

起始年不进行产品认证。

（二）参加订货会/登记销售订单

1. 广告投放计划

起始年各组在本地市场投放广告 1M。各组从现金中取出 1M 放置到"综合费用广告"处，财务总监做好现金收支记录。

2. 订单获取计划

起始年各组订单相同，都是只有一张订单，如图 3-1 所示。

第 0 年	本地市场	LP1-2/8
产品数量：	6P1	
产品单价：	5.3M/个	
总 金 额：	32M	
应收账期：	2Q	

图 3-1   起始年订单

3. 登记订单

将所获订单上的内容如实记录在表 3-14 中，并且计算出毛利。其中，销售额指的是订单中的总金额，成本是指订单中的产品数量 × 产品 P1 的制造成本 = $6 \times 2M = 12M$，毛利 = 销售额 - 成本。

表 3-14   订单登记表

订单号	LP1 -2/8			合计
市场	本地			
产品	P1			

（续）

订单号	LP1 – 2/8			合计
数量	6 个			
账期	2Q			
销售额	32M			
成本	12M			
毛利	20M			
未售				

（三）制订新年度计划

1. 原材料采购计划

原材料采购计划依据的是生产计划，由生产计划决定采购的原材料品种及其数量。起始年库存 3 个 R1 原材料，并且有 2 个 R1 订单将在今年第 1 季度到货，即在第 1 季度共有 5 个 R1 原材料。根据生产计划，第 1 季度需要 1 个 R1、第 2 季度需要 2 个 R1、第 3 季度需要 1 个 R1 原材料、第 4 季度虽然有两条生产线空闲，可以生产 2 个 P1 产品，但是，手工线 3 卖出，只有 1 条半自动线投产，因此第 4 季度只需要 1 个 R1 原材料，4 个季度总共需要 5 个 R1 原材料，因此第 1、2、3 季度不再订购原材料；第 1 年只有 1 条手工线 2 空闲，可以生产 1 个 P1 产品，因此，起始年第 4 季度订购 1 个 R1 原材料即可。

2. 市场分析

根据给定的市场预测数据，考虑到有的市场没有产品需求、有的市场产品均价过低，要从中挑选出有产品需求且产品均价较高、有投放广告价值的市场。得到不同年度不同市场各产品可供投放广告的情况，见表 3 – 15 和表 3 – 16。由此得到结论：必须开拓新的市场、必须走多产品经营之路，前 4 年新产品应以研发 P2、P3 为主。随着市场的不断开拓，企业设备老化、落后，应逐渐淘汰原有落后产能，引进新的先进生产设备。

表 3 – 15　本地市场产品均价　　　　　　　　　　　（单位：M）

年份	P1	P2	P3	P4
第 1 年	4.86	0	0	0
第 2 年	4.64	6.2	8	0
第 3 年	4.78	7.94	7.5	0
第 4 年	4.36	8.15	8	0
第 5 年	4.1	7.08	8.5	9.25
第 6 年	3.53	6.16	9	9.7

表 3-16　区域市场产品均价　　　　　　　　　　（单位：M）

年份	P1	P2	P3	P4
第 1 年	4.89	6.29	0	0
第 2 年	4.71	6.6	0	0
第 3 年	4.33	7.77	8	0
第 4 年	4.86	7.35	7.8	8.8
第 5 年	4.75	6.23	8.77	9.29
第 6 年	4.5	7.23	8.93	10

3. 产能淘汰计划

此部分是教师向学员演示并完成起始年任务。

现有手工线及半自动生产线，虽然产能落后，但是经过起始年、第 1 年计提折旧后，已经不需要计提折旧，只需要每年交维护费，这种情况下是否将这 4 条生产线处理需要视企业的发展战略、建线速度、新产品的研发、新产品市场上的销售情况而定，不能盲目淘汰原有落后生产线。

本演示为了解释变卖生产线的处理办法，于起始年第 4 季度卖出 1 条空闲的手工生产线 3。

4. 生产计划调整

原计划手工线 3 在第 4 季度投产 P1 产品，现调整为不生产产品，卖出手工线 3（见表 3-17）。

表 3-17　起始年生产计划调整

季度	手工线 1		手工线 2		手工线 3		半自动线	
	下线	投产	下线	投产	下线	投产	下线	投产
1Q					1 个 P1	1 个 P1		
2Q			1 个 P1	1 个 P1			1 个 P1	1 个 P1
3Q	1 个 P1	1 个 P1						
4Q					1 个 P1	变卖	1 个 P1	1 个 P1

上述内容完成后，在制订新年度计划后的空格内打"√"。

（四）支付应交税

从现金中取出 1M，放置在综合费用区域税金的空桶内，然后在流程表中"支付应付税"后打"√"。

到此，年初的 4 项工作已经完成，指导教师将各组盘面上的税金及广告费收走，年初
4 项工作任务完成情况见表 3 - 18。

表 3 - 18　起始年年初 4 项工作任务完成情况

新年度规划会议	√			
参加订货会/登记销售订单	√			
制订新年度计划	√			
支付应付税	√			

二、完成起始年各季度任务

起始年各季度完成的任务及其说明见表 3 - 19 ~ 表 3 - 22。

表 3 - 19　起始年第 1 季度完成的任务及其说明

项目	1Q	说明
季初现金盘点（请填余额）	18M	原 20M，支付税金及广告费各 1M
更新短期贷款/还本付息/申请短期贷款	×	原没有短期贷款，现不申请
原材料入库/更新原料订单	√	有 2 个 R1 到货，入 R1 库，支付 2M
下原料订单	×	暂时不下订单
更新生产/完工入库	√	线上产品前移一格，手工线 3 入库 1 个 P1
投资新生产线/变卖生产线/生产线转产	×	无计划
开始下一批生产	√	手工线 3 投产 P1
更新应收款/应收款收现	√	3 账期的 15M 移到 2 账期处
出售厂房	×	无计划
按订单交货	×	库存 3 个 P1 加上新下线 1 个 P1，共有 P1 产品库存 4 个，订单要求一次性交货 6 个 P1，库存不足以交货
产品研发投资	×	不研发
支付行政管理费	√	从现金中取 1M 放入"管理费"处
其他现金收支情况登记	×	
支付利息/更新长期贷款/申请长期贷款		
支付设备维护费		
支付租金/购买厂房		
计提折旧		
新市场开拓/ISO 资格认证投资		
结账		
现金收入合计	×	
现金支出合计	4M	2 个 R1（2M）+ 管理费 1M + 生产 P1 人工费 1M
期末现金对账（请填余额）	14M	季初 18M + 收入 0M - 支出 4M = 14M

表 3-20　起始年第 2 季度完成的任务及其说明

项目	2Q	说明
季初现金盘点（请填余额）	14M	填写 1Q 期末现金的数据
更新短期贷款/还本付息/申请短期贷款	×	无
原材料入库/更新原料订单	×	1Q 没下订单
下原料订单	×	根据期初年度会议，不需要
更新生产/完工入库	√	各线产品前移一格，手工线 2 下线 1 个 P1、半自动线下线 1 个 P1，共 2 个 P1 入库
投资新生产线/变卖生产线/生产线转产	×	无操作
开始下一批生产	√	手工线 2 及半自动线各生产 1 个 P1
更新应收款/应收款收现	√	3 账期 15M 移到 1 账期位置
出售厂房	×	无计划
按订单交货	√	将 6 个 P1 产品交给指导教师，拿回 32M，放在应收账款 2 账期处
产品研发投资	×	无计划
支付行政管理费	√	从现金中取出 1M，放在"综合费用管理费"处
其他现金收支情况登记	×	
支付利息/更新长期贷款/申请长期贷款		
支付设备维护费		
支付租金/购买厂房		
计提折旧		
新市场开拓/ISO 资格认证投资		
结账		
现金收入合计	0M	
现金支出合计	3M	用于生产 2 个 P1 产品 2M，管理费 1M
期末现金对账（请填余额）	11M	季初 14M + 收入 0M − 支出 3M = 11M

表 3-21　起始年第 3 季度完成的任务及其说明

项目	3Q	说明
季初现金盘点（请填余额）	11M	填写 2Q 期末现金的数据
更新短期贷款/还本付息/申请短期贷款	×	无
原材料入库/更新原料订单	×	2Q 没下订单
下原料订单	×	不需要
更新生产/完工入库	√	各线产品前移一格，手工线 1 下线 1 个 P1 入库

（续）

项目	3Q	说明
投资新生产线/变卖生产线/生产线转产	×	无操作
开始下一批生产	√	手工线1生产1个P1
更新应收款/应收款收现	√	3账期15M移到现金位置，2账期32M移到1账期处
出售厂房	×	无计划
按订单交货	×	订单已经交货，再无订单需要交货
产品研发投资	×	无计划
支付行政管理费	√	从现金中取出1M，放在"综合费用管理费"处
其他现金收支情况登记	×	
支付利息/更新长期贷款/申请长期贷款		
支付设备维护费		
支付租金/购买厂房		
计提折旧		
新市场开拓/ISO资格认证投资		
结账		
现金收入合计	15M	初始3账期的15M已到期收回
现金支出合计	2M	用于生产1个P1产品1M，管理费1M
期末现金对账（请填余额）	24M	季初11M+收入15M−支出2M=24M

表3-22 起始年第4季度完成的任务及其说明

项目	4Q	说明
季初现金盘点（请填余额）	24M	填写3Q期末现金的数据
更新短期贷款/还本付息/申请短期贷款	×	无
原材料入库/更新原料订单	×	3Q没下订单
下原料订单	√	取2个空桶放于盘面R1订单处
更新生产/完工入库	√	各线产品前移一格，手工线3、半自动线各下线1个P1入库
投资新生产线/变卖生产线/生产线转产	√	卖出手工线3得现金1M，另取2M放于"综合费其他"处
开始下一批生产	√	半自动线生产1个P1
更新应收款/应收款收现	√	2账期32M移到"现金"处
出售厂房	×	无计划

(续)

项目	4Q	说明
按订单交货	×	订单已经交货,再无订单需要交货
产品研发投资	×	无计划
支付行政管理费	√	从现金中取出 1M,放在"综合费用管理费"处
其他现金收支情况登记	×	
支付利息/更新长期贷款/申请长期贷款	√	付息 4M/40M 长期贷款分别前移一格/不申请长期贷款
支付设备维护费	√	2 条手工线、1 条半自动线各支付 1M,取 3M 放于"维护费"处
支付租金/购买厂房	×	厂房是自购的,无须支付租金
计提折旧	√	从 2 条手工线的净值中各取 1M、半自动线取 2M,放于"折旧"处
新市场开拓/ISO 资格认证投资	√	取 4M,放于区域市场、国内市场、亚洲市场、国际市场处各 1M
结账	√	
现金收入合计	33M	变卖生产线得 1M + 2 账期 32M 的应收账款收回
现金支出合计	13M	管理费 1M + 生产人工费 1M + 维护费 3M + 市拓 4M + 利息 4M
期末现金对账(请填余额)	44M	季初 24M + 收入 33M – 支出 13M = 44M

三、起始年结束各表的编制

起始年结束后,需要编制综合费用表、利润表、资产负债表。各表的编制方法及结果演示见表 3-23 ~ 表 3-25。

表 3-23   综合费用表

项目	金额	备注
管理费	4M	每个季度 1M
广告费	1M	起始年—年初投放的广告费 1M
保养费	3M	2 条手工线、1 条半自动线各 1M,当年卖出的生产线不用支付
租　金	0M	自有厂房
转产费	0M	
市场准入开拓	4M	√区域　√国内　√亚洲　√国际
ISO 资格认证	0M	□ISO9000　　□ISO14000
产品研发	0M	P2(　　)　P3(　　)　P4(　　)
其　他	2M	变卖手工生产线 3 亏损 2M
合　计	14M	各项加总

表 3-24　利润表

项目	上年数	本年数	
销售收入	35M	32M	本年只有 1 张订单销售额 32M
直接成本	12M	12M	订单是 6 个 P1，1 个 P1 成本是 2M
毛利	23M	20M	32M－12M＝20M
综合费用	11M	14M	来自综合费用表
折旧前利润	12M	6M	20M－14M＝6M
折旧	4M	4M	2 条手工线各 1M、1 条半自动线 2M
支付利息前利润	8M	2M	6M－4M＝2M
财务收入/支出	4M	4M	支付 40M 长期贷款的利息 4M
其他收入/支出	2M		
税前利润	4M	－2M	支付利息前利润 2M－4M＝－2M
所得税	1M	0M	－2 小于 0，不用交税
净利润	3M	－2M	－2M－0M＝－2M

表 3-25　资产负债表

资产	期初数	期末数	期末数说明
流动资产：			
现金	20M	44M	直接填入起始年第 4 季度末的现金余额
应收款	15M	0M	起始年的应收账款都已经收回，故此项为 0M
在制品	8M	6M	2 条手工线、1 条半自动线各自生产 1 个 P1
成品	6M	6M	库存中有 3 个 P1
原材料	3M	0M	没有库存任何原材料
流动资产合计	52M	56M	各项流动资产加总
固定资产：			
土地和建筑	40M	40M	自有厂房 40M
机器与设备	13M	6M	2 条手工线，每条净值 2M，半自动线净值 2M
在建工程		0M	没有正在建设的生产线
固定资产合计	53M	46M	各项固定资产加总
资产总计	105M	102M	流动资产合计＋固定资产合计
负债和所有者权益	期初数	期末数	说明
负债：			
长期负债	40M	40M	原有 40M 长期贷款尚未到期
短期负债			
应付账款			

(续)

负债和所有者权益	期初数	期末数	说明
应交税金	1M	0M	本年亏损不用计税
一年内到期的长期负债			
负债合计	41M	40M	
所有者权益：			
股东资本	50M	50M	永远不变，除非股东增减资
利润留存	11M	14M	期初的利润留存 + 期初年度净利 = 11M + 3M = 14M
年度净利	3M	-2M	利润表税后利润 -2M
所有者权益合计	64M	62M	50M + 14M + (-2)M = 62M
负债和所有者权益总计	105M	102M	负债合计 + 所有者权益合计

▶ 任务 4　实战演练——完成第 1 年任务 ◀

一、完成第 1 年年初任务

（一）新年度规划会议

新年度规划会议在每运营年度开始时召开，在任务清单中只需打"√"。第 1 年年度规划会议主要确定的内容如下：

1. 本年生产计划

因为手工线 3 于起始年第 4 季度已经变卖，故第 1 年只有 3 条生产线。表 3-26 显示，第 1 年一共可生产 5 个 P1，期初 P1 库存 3 个，故第 1 年共有 8 个 P1 产品可供出售。

表 3-26　第 1 年生产计划

季度	手工线 1		手工线 2		半自动线	
	下线	投产	下线	投产	下线	投产
1Q			1 个 P1	1 个 P1		
2Q	1 个 P1	1 个 P1			1 个 P1	1 个 P1
3Q						
4Q			1 个 P1	1 个 P1	1 个 P1	1 个 P1

2. 市场

目前，有本地、区域 2 个市场可以投放广告，这两个市场的市场预测情况如图 3 - 2、图 3 - 3 所示。

第 1 年　　本地市场　　LP1-1/8	第 1 年　　本地市场　　LP1-2/8
产品数量：　　2 P1	产品数量：　　7P1
产品单价：　　5.5M/个	产品单价：　　4.6M/个
总 金 额：　　11M	总 金 额：　　32M
应收账期：　　4Q	应收账期：　　2Q

第 1 年　　本地市场　　LP1-3/8	第 1 年　　本地市场　　LP1-4/8
产品数量：　　5P1	产品数量：　　3P1
产品单价：　　4.6M/个	产品单价：　　5M/个
总 金 额：　　23M	总 金 额：　　15M
应收账期：　　3Q	应收账期：　　2Q

第 1 年　　本地市场　　LP1-5/8	第 1 年　　本地市场　　LP1-6/8
产品数量：　　4P1	产品数量：　　3P1
产品单价：　　5M/个	产品单价：　　4.7M/个
总 金 额：　　20M	总 金 额：　　12M
应收账期：　　3Q	应收账期：　　3Q

第 1 年　　本地市场　　LP1-7/8	第 1 年　　本地市场　　LP1-8/8
产品数量：　　2P1	产品数量：　　2P1
产品单价：　　5.5M/个	产品单价：　　5M/个
总 金 额：　　11M	总 金 额：　　5M
应收账期：　　1Q	应收账期：　　2Q

图 3 - 2　P1 本地市场订单

第 1 年　　区域市场　　RP1-1/5	第 1 年　　区域市场　　RP1-2/5
产品数量：　　2P1	产品数量：　　3P1
产品单价：　　4.5M/个	产品单价：　　4.7M/个
总 金 额：　　9M	总 金 额：　　14M
应收账期：　　2Q	应收账期：　　3Q

第 1 年　　区域市场　　RP1-3/5	第 1 年　　区域市场　　RP1-4/5
产品数量：　　1P1	产品数量：　　1P1
产品单价：　　6M/个	产品单价：　　5M/个
总 金 额：　　6M	总 金 额：　　5M
应收账期：　　1Q	应收账期：　　3Q

第 1 年　　区域市场　　RP1-5/5
产品数量：　　2P1
产品单价：　　5M/个
总 金 额：　　10M
应收账期：　　4Q

图 3 - 3　P1 区域市场订单

3. 目标订单

计划在本地市场获得编号为 LP1 - 2/8、LP1 - 3/8、LP1 - 5/8 这三张订单其中之一，在区域市场获得编号为 RP1 - 3/5、RP1 - 5/5 两张订单其中之一，理想目标是拿够 8 个 P1 产品的订单。

4. 广告计划

第 1 年 P1 本地市场共有 8 张订单，全班共有 6 个小组，每个小组至少一张订单，本企业不必力争第一个选单，但也不能投太少，太少则有可能拿不够订单。根据经验，本地市场投放 5M 广告费，大约可以排在前 4 位选单，这样拿到目标订单之一是非常有可能的；为了防止在本地市场拿不够订单，在 P1 区域市场上投放 2M 广告费，计划投放的广告见表 3-27。

表 3-27　广告投放计划

P1 产品	
本地市场	区域市场
5M	2M

5. 市场开拓计划

市场开拓计划见表 3-28。

表 3-28　市场开拓计划

年份	本地市场	区域市场	国内市场	亚洲市场	国际市场
第 1 年	已有	已有	1M	1M	1M
第 2 年				1M	1M
第 3 年					1M

(二) 参加订货会/登记销售订单

1. 广告投放

本组从现金中取出 7M 放置到"综合费用广告费"处，财务总监做好现金收支记录。

2. 订单获取

第 1 年本组实际获得订单如图 3-4 所示。

第 1 年　　区域市场　　RP1-3/5	第 1 年　　本地市场　　LP1-2/8
产品数量：　1P1	产品数量：　7P1
产品单价：　6M/个	产品单价：　4.6M/个
总 金 额：　6M	总 金 额：　32M
应收账期：　1Q	应收账期：　2Q

图 3-4　第 1 年本组实际获得订单

3. 登记订单

将所获订单上的内容如实记录在表 3-29 中,并且计算出毛利。

表 3-29 订单登记表

订单号	LP1-2/8	RP1-3/5		合计
市场	本地	区域		
产品	P1	P1		
数量	7个	1个		
账期	2Q	1Q		
销售额	32M	6M		38M
成本	14M	2M		16M
毛利	18M	4M		22M
未售				

(三)制订新年度计划

1. 交货计划

据表 3-26 可知,本企业期初库存有 3 个 P1,第 1 季度下线 1 个 P1,第 2 季度下线 2 个 P1,第 3 季度没有下线产品,第 4 季度下线 2 个 P1,则每个季度分别有库存产品:第 1 季度期初 3 个 P1+1 个 P1 等于 4 个 P1,只能交货 1 个 P1;第 2 季度期初有第 1 季度留存的 3 个 P1+第 2 季度下线的 2 个 P1,第 2 季度库存 5 个 P1;第 3 季度没有产品下线,库存为第 2 季度期末的库存 5 个 P1;第 4 季度有第 3 季度库存 5 个 P1+第 4 季度下线 2 个 P1,第 4 季度共有 7 个 P1,故第 4 季度交货 7 个 P1,交货后无库存。

2. 第 1 年第 1 季度开始前情况

上年所有者权益为 62M,今年可贷款 62M×3-40M=146M;有现金 44M,投放广告使用了 7M,余下现金 37M。

3. 第 1 年现金预算情况

第 1 年现金预算表见表 3-30。

表 3-30 第 1 年现金预算表 (单位:M)

季度	1Q	2Q	3Q	4Q
期初现金	37	23	12	19
短期贷款			20	20
接收原材料	1	2		2
下一批生产	1	2		2

（续）

季度	1Q	2Q	3Q	4Q
建设生产线（2 条柔性线）	10	10	10	10
管理费	1	1	1	1
应收账款收回		6		
研发新产品（P2 + P3）	1	2	2	2
维护费				3
市场开拓				3
利息				4
期末现金	23	12	19	12

注：第 1 年每季度期末现金 = 期初现金 + 短期贷款 + 应收账款收回 − 接收原材料 − 下一批生产 − 建
设生产线 − 管理费 − 研发新产品 − 维护费 − 市场开拓 − 利息。

第 1 年第 1 季度期末现金 = 37M + 0M + 0M − 1M − 1M − 10M − 1M − 1M − 0M − 0M − 0M = 23M。

第 1 年第 2 季度期末现金 = 23M + 0M + 6M − 2M − 2M − 10M − 1M − 2M − 0M − 0M − 0M = 12M。

第 1 年第 3 季度期末现金 = 12M + 20M + 0M − 0M − 0M − 10M − 1M − 2M − 0M − 0M − 0M = 19M。

第 1 年第 4 季度期末现金 = 19M + 20M + 0M − 2M − 2M − 10M − 1M − 2M − 3M − 3M − 4M = 12M。

4. 融资计划

由表 3 − 30 可知，如果企业在第 1 年第 3、4 季度不分别短期贷款 20M，则企业在第 1
年第 3 季度出现现金缺口 1M，第 4 季度资金缺口更是达到了 28M，这还没有考虑下一年，
即第 2 年年初要支付的广告费、1 季度初要支付的原材料费、下一批生产的人工费（第几
季度进行下一批生产，则第几季度支付人工费）等费用。因此，现金预算表只完成第 1 年
的预算是有问题的，必须要对下一年的现金流进行预算，以保证企业现金流畅通。

资金来源主要有短期贷款、应收账款贴现、出售厂房（可得 4 个账期的应收账款）、
长期贷款。

1）短期贷款。企业在第 3 季度开始，可以短期贷款 20M；在第 4 季度开始，再短期
贷款 20M。

2）应收账款贴现。企业在第 4 季度可以交货 7 个 P1 产品，得到 2 账期的应收账
款 32M。

3）出售厂房。企业可以在第 1 年任何一个季度出售厂房，如果有出售厂房计划，则
最好在第 1 年第 1 季度出售厂房，得到 40M 4 账期的应收账款，这样此笔应收账款最快可
以在第 2 年第 1 季度到账变成现金。即厂房如果计划在某年出售，则在这一年越早出售厂
房越好。

4）长期贷款。在第 1 年年末，可以进行长期贷款。

贷款的原则是成本最低、够用，即精打细算，保证企业顺利运营。

5. 设备投资计划

由现金预算表可知，企业准备从第1年第1季度开始，投资建设2条柔性线，一条用于生产P2，另一条用于生产P3，预计到第2年第1季度建成可以投产使用。

6. 新产品研发计划

计划于第1年完成P2、P3产品研发。研发情况见表3-30。

7. 原材料采购计划

原材料采购计划要依据生产计划而定，由表3-26可知，企业第1年1季度生产1个P1，第2季度生产2个P1，第3季度无生产计划，第4季度生产2个P1，考虑到第1年所建的2条柔性线在第2年第1季度要开始投产P2、P3，需要提前采购生产P2、P3所需原材料，故采购计划调整为：第1年第1季度订购1个R1，第3季度订购2R1 +2R3 +1R4，第4季度订购2R1 +2R3 +1R4 +1R2。

第3季度订购的2个R1是为第1年第4季度需要生产2个P1准备的材料，1个R3是为第2年第1季度生产P2准备的材料，1个R3 +1个R4是为第2年第1季度生产P3准备的材料。

第4季度订购的2个R1，其中一个R1是为第2年第1季度生产1个P1产品准备的材料，另一个R1是为生产P3准备的材料；1个R2是为第2年第1季度生产P2准备的材料；2R3 +1R4是为第2年第2季度生产P2、P3准备的材料。

上述内容完成后，在制订新年度计划后的空格内打"√"。

(四) 支付应付税

因上一年度亏损，所以不需要交税，在流程表中"支付应付税"后打"×"。

到此，年初的4项工作任务已经完成，指导教师将各组盘面上的税金及广告费收走，年初4项工作任务完成情况见表3-31。

表3-31 第1年年初4项工作任务完成情况

新年度规划会议	√			
参加订货会/登记销售订单	√			
制订新年度计划	√			
支付应付税	×			

二、完成第1年各季度任务

根据第1年年初的工作任务完成第1年各季度工作任务，流程表见表3-32。

表 3-32　第 1 年各季度工作流程表

季度	1Q	2Q	3Q	4Q
季初现金盘点（请填余额）	37M	23M	12M	19M
更新短期贷款/还本付息/申请短期贷款	×	×	20M	20M
原材料入库/更新原料订单	1M	1M	×	2M
下原料订单	1R1		2R1 + 2R3 + R4	2R1 + 2R3 + 1R4 + 1R2
更新生产/完工入库	1P1	2P1	√	2P1
投资新生产线/变卖生产线/生产线转产	10M	10M	10M	10M
开始下一批生产	1M	2M	√	2M
更新应收款/应收款收现	×	6M	×	×
出售厂房	×	×	×	×
按订单交货	√	×	×	√
产品研发投资	1M	2M	2M	2M
支付行政管理费	1M	1M	1M	1M
其他现金收支情况登记				
支付利息/更新长期贷款/申请长期贷款				4M
支付设备维护费				3M
支付租金/购买厂房				×
计提折旧				2M
新市场开拓/ISO 资格认证投资				3M
结账				
现金收入合计	×	6M	20M	20M
现金支出合计	14M	17M	13M	27M
期末现金对账（请填余额）	23M	12M	19M	12M

三、第 1 年结束各表的编制

第 1 年结束后，需要编制综合费用表、利润表、资产负债表，各表的编制方法及结果演示见表 3-33 ~ 表 3-35。

表 3-33　综合费用表

项目	金额	备注
管理费	4M	每个季度 1M
广告费	7M	
保养费	3M	2 条手工线 2M、1 条半自动线各 1M
租金	0M	自有厂房

（续）

项目	金额	备注
转产费	0M	
市场准入开拓	3M	√国内　√亚洲　√国际
ISO 资格认证	0M	□ISO9000　　□ISO14000
产品研发	7M	P2（√）　P3（√）　P4（　）
其他	0M	
合计	24M	各项加总

表 3-34　利润表

项目	上年数	本年数	
销售收入	32M	38M	本年有 2 张订单销售额 38M
直接成本	12M	16M	订单是 8 个 P1，1P1 成本是 2M
毛利	20M	22M	38M－16M＝22M
综合费用	12M	24M	来自综合费用表
折旧前利润	8M	－2M	22M－24M＝－2M
折旧	4M	2M	2 条手工线各 1M，半自动线不计提折旧
支付利息前利润	4M	－4M	－2M－2M＝－4M
财务收入/支出	4M	4M	支付 40M 长期贷款的利息 4M
其他收入/支出	2M	0M	
税前利润	－2M	－8M	支付利息前利润－4M－4M＝－8M
所得税	0M	0M	－8M 小于 0M，不用交税
净利润	－4M	－8M	－8M－0M＝－8M

表 3-35　资产负债表

资产	期初数	期末数	期末数说明
流动资产：			
现金	44M	12M	直接填入第 1 年第 4 季度末的现金余额
应收款	0M	32M	第 1 年第 4 季度交货 6P1 产生的应收账款 32M
在制品	6M	6M	2 条手工线、1 条半自动线各自生产 1P1
成品	6M	0M	无库存
原材料	0M	0M	没有库存任何原材料
流动资产合计	56M	50M	各项流动资产加总
固定资产：			
土地和建筑	40M	40M	自有厂房 40M

（续）

资产	期初数	期末数	期末数说明
机器与设备	6M	4M	2 条手工线，每条净值 1M，半自动线净值 2M，这 3 条线从下一年开始不计提折旧，但可以继续用
在建工程	0M	40M	正在建设 2 条柔性线
固定资产合计	46M	84M	各项固定资产加总
资产总计	102M	134M	

负债和所有者权益	期初数	期末数	说明
负债：			
长期负债	40M	40M	原有 40M 长期贷款尚未到期
短期负债		40M	第 3、4 季度各贷 20M
应付账款			
应交税金	0M	0M	本年亏损不用计税
一年内到期的长期负债			
负债合计	40M	80M	
所有者权益：			
股东资本	50M	50M	永远不变，除非股东增减资
利润留存	14M	12M	期初的利润留存 + 期初年度净利 = 14M + （ -2）M = 12M
年度净利	-2M	-8M	利润表税后利润 -8M
所有者权益合计	62M	54M	50M + 12M + （ -8）M = 54M
负债和所有者权益总计	102M	134M	80M + 54M = 134M

四、企业所得税

企业所得税是对我国境内企业和其他取得收入的组织的生产经营所得和其他所得征收的一种所得税。

1. 征税对象

居民企业应当就其来源于我国境内、境外的所得缴纳企业所得税。所得包括销售货物所得、提供劳务所得和其他所得。

2. 纳税义务人

在我国境内，企业和其他取得收入的组织（以下统称企业）为企业所得税的纳税人。个人独资企业、合伙企业不适用《中华人民共和国企业所得税法》（以下简称《企业所得税法》）。

3. 税率

适用的税率为 25%。

4. 计算方法

所得税 = 应纳税所得额 × 税率

应纳税所得额 = 收入总额 - 不征税收入 - 免税收入 - 各项扣除 - 允许弥补以前年度的亏损

本书中，应纳税所得额简化为税前利润 - 弥补以前年度的亏损。

5. 亏损弥补

《企业所得税法》第十八条规定，企业纳税年度发生的亏损，准予向以后年度结转，用以后年度的所得弥补，但结转年限最长不得超过 5 年。这 5 年内无论盈利还是亏损，都作为实际弥补年限计算。因此，亏损弥补期必须自亏损年度的下一年度起连续 5 年不间断计算；当连续发生亏损时，应该自第 1 个亏损年度起，先亏先补。

例 1　ERP 沙盘模拟企业第 0 年净利润为 -2M，第 1 年净利润为 -8M，假如第 2 年企业税前利润为 6M，第 3 年税前利润为 14M，第 4 年税前利润为 8M，所得税税率为 25%，则第 2~4 年企业每年应计算的企业所得税分别为多少？

解答：

第 2 年应纳税所得额 = 6M - 2M - 8M = -4M，说明第 2 年虽然税前利润为 6M，但是不足以弥补以前年度的亏损，故不用交税。

第 3 年应纳税所得额 = 14M + 6M - 2M - 8M = 10M

第 3 年所得税 = 10M × 25% = 2.5M，四舍五入，第 3 年应交所得税为 3M。

第 4 年应纳税所得额 = 当年税前利润 = 8M

第 4 年所得税 = 8M × 25% = 2M。

例 1 是 ERP 沙盘中最常见的一种情况。

例 2　某企业 2011 年—2018 年各年税前盈亏情况见表 3-36。

表 3-36　某企业 2011 年—2018 年各年税前盈亏情况　　　　　　（单位：M）

年度	2011	2012	2013	2014	2015	2016	2017	2018
税前盈亏	-50	5	-15	15	20	-20	5	40

假设 2011 年之前没有未弥补亏损，则该企业 2018 年应纳企业所得税为多少？

解答：

2011 年亏损的 50M 可以在有盈利的 2012 年、2014 年和 2015 年分别弥补 5M、15M、

20M，共 40M，2016 年企业亏损，由于弥补亏损最长不得超过 5 年，因此 2011 年末弥补的 10M 在 2017 年时已经过了弥补期限，不能弥补。2013 年的 15M 亏损可以在 2017 年弥补 5M，在 2018 年弥补 10M，此时 2018 年的盈利还剩 30M，可以用于弥补 2016 年的 20M 亏损，2018 年弥补完亏损后的应税所得为 40M − 10M − 20M = 10M，故 2018 年应纳所得税为 10M × 25% = 2.5M，四舍五入，应交 3M 企业所得税。

▶ 任务 5　筹资策略 ◀

一、企业筹资的概念

筹资是企业资金的来源渠道。企业依靠其资本底蕴、生产结构参与市场经济调配、市场投资和运转，利用自身的经济实力获取经济来源，筹集企业发展所需资金。ERP 沙盘模拟设定的企业资金来源主要有长期贷款、短期贷款、应收账款贴现、出售厂房，附加资金来源是紧急出售库存原材料、出售生产线、紧急出售库存产品，如果企业已经到了要通过附加资金来源来筹集资金的地步，那么企业发展前景堪忧，故不到迫不得已，不要使用附加方式筹集资金。

二、ERP 沙盘模拟企业筹资管理存在的问题

1. 企业缺乏筹资规划，筹资规模不合理

有些企业没有充分意识到企业筹资管理的重要性，缺乏对资金管理的认识，在进行筹资活动前，没有根据企业的实际条件科学预计企业的资金需求量和制定相应的筹资策略，筹资规模不合理，在筹资管理上具有一定的随意性，使得企业所筹资金并未满足企业实际需求。

2. 企业筹资管理制度不健全，管理水平低

大多数模拟企业的经营管理模式落后，内部管理制度不健全，在管理和制度方面存在较大的问题。筹资管理体系不健全，缺乏科学的筹资计划和策略，使得企业融资时不能以最优的方式来筹集资金以满足企业发展的需要，从而陷入融资困境。

三、筹资原则

在筹集资金时，企业要遵循以下基本原则：①在筹资数量方面，要遵循规模适当原则；②在筹资时间方面，要遵循筹措及时、时机合理原则；③在资金成本和资本结构方面，要遵循来源合理、结构科学、方式经济原则。

四、筹资风险的控制

1. 筹资风险及成因

所谓的筹资风险，其实就是到期无法偿还本金和偿付资金成本的可能性。筹资风险包括偿债风险和收益变动风险。偿债风险的产生与企业自有资金及借入资金比例不合理有关，将造成企业资金成本率比收益率高。除此之外，偿债风险可能与不合理的债务期限安排有关，比如在企业短期贷款比例过大时，将面临较高资金成本加本金，集中还债时容易出现无法偿还的情况。收益变动风险是由资金使用效益的不确定性引发的。企业进行负债融资的目的是降低资金成本，发挥财务杠杆作用。而利用财务杠杆放大收益的同时，风险也将放大。在资本结构一定时，企业债务利息相对固定，一旦税前利润下降，将造成损失放大，继而导致企业承担巨大偿债风险。

2. 筹资风险的控制措施

（1）强化筹资管理

模拟企业应当从自身条件出发，不宜盲目追求利润，而应结合市场条件建立稳健筹资模型，将资金用于有助于企业发展的地方，适当降低企业负债比例，保证企业拥有偿还债务本息的能力。

（2）保证资产流动性

负债率过高不利于企业的发展，所以企业需要适当增加流动资本，确保企业拥有足够能力对环境变化带来的筹资风险进行抵抗。利用杠杆系数，可以对企业资本结构进行分析，实现杠杆利用程度的衡量。而财务杠杆系数与企业负债比例成正比，数值越大说明企业负债比例较高，从优化企业资本结构角度分析，可以结合经营发展和负债状况提出最适合的流动资产规模，以便企业能够保持资产流动性，降低企业承担的筹资风险。在拥有充足现金的情况下，企业不仅能够对各项费用进行轻松支付，同时也能使借贷信誉得到提高，为企业再次筹资奠定基础。结合 ERP 模拟经验，企业可以对生产经营过程中的现金收支情况进行预测，完成合理现金储备量的保持。在此基础上，加强资金预算计划，实现对企业筹资风险的预测分析，能够通过提前防范保证企业获得更多经济效益。

五、案例分析

以 ERP 起始年及第 1 年的经营情况为例，全面分析企业的筹资策略。

（一）起始年筹资策略

起始年接手时，企业有长期贷款 40M，这笔贷款主要用于购置厂房。购置厂房的好处主要在于自有厂房不用支付租金，租金每年需要支付 4M，支付租金会导致企业所有者权益减少 4M。但是长期贷款的利息是 $40M \times 10\% = 4M$，利息同样也会减少所有者权益，由此看来，买厂房与租厂房对收益的影响是一样的。问题是，企业可以贷款的总额是上一年所有者权益的 3 倍，如果前期采用短期贷款，短期贷款的利率是 5%，企业的贷款成本会减少一半，每年的成本只有 2M。此种情况下，贷款买厂房明显比租厂房合算，但是短期贷款的时间只有一年，一年到期就要支付本金及利息，按照起始年之前的企业经营情况，企业生产能力低下，每年的收益较低，虽然所有者权益能够满足企业在还完贷款之后再贷回来，但是企业流动资金不足，只能通过在短期贷款还款日之前，提前 1 个季度或 2 个季度进行短期贷款，以保证企业能够到期偿还所借款项。因此，起始年之前，企业所借的长期贷款实际上是不如短期贷款的，或者不贷也可以。

（二）第 1 年筹资策略

由表 3-30 可知，短期贷款 40M 主要用于建设 2 条柔性线，通过市场预测，可知未来的市场起伏不定，单独依靠一个产品，可能出现的后果是，市场单价低、市场需求少，即企业要么利润过低、要么缺少订单，因此产品多元化经营是必由之路。

柔性线的优点主要是可以生产任意产品，不需要支付生产线转产费用，也不需要停产，便于企业在各种产品之间进行转换生产，更重要的是适应企业依据订单需要随时调整生产计划。

由表 3-30 可知，企业研发新产品 P2、P3，所建 2 条柔性线，一条用于生产 P2，另一条用于生产 P3，但是由于柔性线的特点，企业完全可以先预计下一年的产能，根据产能和市场，获取最有利的订单，而不是仅根据生产线预先设定生产的产品来选择订单。

第 1 年结束时，企业拥有现金 12M，一旦进入第 2 年，首先就要支付第 2 年的广告费及应交所得税，第 1 年所得税是 0，无须支付，但广告费必须支付。

第 1 年并没有考虑到第 2 年广告费支出情况，但是问题不大，这得益于企业还有 32M 的应收账款，当企业资金不足以支付广告费时，可以通过应收账款贴现来支付。此外，企业第 1 年所有者权益为 54M，可以贷款总额为 $54M \times 3 = 162M$，而企业目前贷款总额为 80M，还可以贷款 82M，完全可以缓解资金不足的压力。

通过上述分析，似乎企业贷款比较合理，事实上如何？这就必须要对第 2 年的运行进行财务预算，同时，通过市场预测，分析企业的设备投资计划。

第 2 年的市场订单情况如图 3-5～图 3-12 所示。

第 2 年	本地市场	LP1-1/8
产品数量：	2P1	
产品单价：	5M/个	
总　金　额：	10M	
应收账期：	4Q	

第 2 年	本地市场	LP1-2/8
产品数量：	4P1	
产品单价：	4.8M/个	
总　金　额：	19M	
应收账期：	2Q	

第 2 年	本地市场	LP1-3/8
产品数量：	6P1	
产品单价：	4.3M/个	
总　金　额：	26M	
应收账期：	2Q	

第 2 年	本地市场	LP1-4/8
产品数量：	1P1	
产品单价：	6M/个	
总　金　额：	6M	
应收账期：	3Q	

第 2 年	本地市场	LP1-5/8
产品数量：	3P1	
产品单价：	4.3M/个	
总　金　额：	13M	
应收账期：	3Q	

第 2 年	本地市场	LP1-6/8
产品数量：	3P1	
产品单价：	5M/个	
总　金　额：	15M	
应收账期：	4Q	

第 2 年	本地市场	LP1-7/8
产品数量：	4P1	
产品单价：	4.5M/个	
总　金　额：	18M	
应收账期：	2Q　　加急！！	

第 2 年	本地市场	LP1-8/8
产品数量：	2P1	
产品单价：	4.5M/个	
总　金　额：	9M	
应收账期：	3Q	

图 3-5　第 2 年 P1 本地市场订单情况

第 2 年	区域市场	RP1-1/4
产品数量：	2P1	
产品单价：	4.5M/个	
总　金　额：	9M	
应收账期：	3Q	

第 2 年	区域市场	RP1-2/4
产品数量：	3P1	
产品单价：	5M/个	
总　金　额：	15M	
应收账期：	4Q	

第 2 年	区域市场	RP1-3/4
产品数量：	1P1	
产品单价：	4M/个	
总　金　额：	4M	
应收账期：	0Q	

第 2 年	区域市场	RP1-4/4
产品数量：	1P1	
产品单价：	5M/个	
总　金　额：	5M	
应收账期：	2Q	

图 3-6　第 2 年 P1 区域市场订单情况

第 2 年	国内市场	DP1-1/4
产品数量：	4P1	
产品单价：	4.5M/个	
总 金 额：	18M	
应收账期：	2Q	

第 2 年	国内市场	DP1-2/4
产品数量：	3P1	
产品单价：	4.6M/个	
总 金 额：	14M	
应收账期：	2Q	

第 2 年	国内市场	DP1-3/4
产品数量：	2P1	
产品单价：	5.4M/个	
总 金 额：	11M	
应收账期：	3Q	

第 2 年	国内市场	DP1-4/4
产品数量：	4P1	
产品单价：	5.2M/个	
总 金 额：	21M	
应收账期：	4Q 加急！！	

图 3-7　第 2 年 P1 国内市场订单情况

第 2 年	本地市场	LP2-1/4
产品数量：	2P2	
产品单价：	6.5M/个	
总 金 额：	13M	
应收账期：	4Q	

第 2 年	本地市场	LP2-2/4
产品数量：	4P2	
产品单价：	6M/个	
总 金 额：	24M	
应收账期：	3Q	

第 2 年	本地市场	LP2-3/4
产品数量：	3P2	
产品单价：	5.5M/个	
总 金 额：	17M	
应收账期：	0Q	

第 2 年	本地市场	LP2-4/4
产品数量：	1P2	
产品单价：	8M/个	
总 金 额：	8M	
应收账期：	4Q	

图 3-8　第 2 年 P2 本地市场订单情况

第 2 年	区域市场	RP2-1/4
产品数量：	3P2	
产品单价：	6.7M/个	
总 金 额：	20M	
应收账期：	3Q	

第 2 年	区域市场	RP2-2/4
产品数量：	4P2	
产品单价：	6.3M/个	
总 金 额：	25M	
应收账期：	4Q	

第 2 年	区域市场	RP2-3/4
产品数量：	2P2	
产品单价：	6.5M/个	
总 金 额：	13M	
应收账期：	2Q	

第 2 年	区域市场	RP2-4/4
产品数量：	1P2	
产品单价：	8M/个	
总 金 额：	8M	
应收账期：	3Q	

图 3-9　第 2 年 P2 区域市场订单情况

第 2 年	国内市场	DP2-1/3
产品数量：	3P2	
产品单价：	8M/个	
总 金 额：	24M	
应收账期：	1Q	

第 2 年	国内市场	DP2-2/3
产品数量：	4P2	
产品单价：	7.5M/个	
总 金 额：	30M	
应收账期：	2Q	

第 2 年	国内市场	DP2-3/3
产品数量：	2P2	
产品单价：	8.5M/个	
总 金 额：	17M	
应收账期：	3Q	

图 3-10　第 2 年 P2 国内市场订单情况

第 2 年	本地市场	LP3-1/3
产品数量：	2P3	
产品单价：	7.5M/个	
总 金 额：	15M	
应收账期：	2Q	

第 2 年	本地市场	LP3-2/3
产品数量：	1P3	
产品单价：	8M/个	
总 金 额：	8M	
应收账期：	1Q	

第 2 年	本地市场	LP3-3/3
产品数量：	3P3	
产品单价：	8.3M/个	
总 金 额：	25M	
应收账期：	4Q	

图 3-11　第 2 年 P3 本地市场订单情况

第 2 年	国内市场	DP3-1/2
产品数量：	1P3	
产品单价：	8M/个	
总 金 额：	8M	
应收账期：	2Q	

第 2 年	国内市场	DP3-2/2
产品数量：	2P3	
产品单价：	8M/个	
总 金 额：	16M	
应收账期：	3Q	

图 3-12　第 2 年 P3 国内市场订单情况

第 2 年的广告投入情况见表 3-37。

表 3-37　第 2 年各产品在各市场广告投入情况　　　　　　　（单位：M）

产品	本地市场	区域市场	国内市场
P1	1	1	1
P2		3	4
P3	4		

假定第 2 年获得的订单情况见图 3-13、图 3-14。

第 2 年	本地市场	LP1-6/8
产品数量:	3P1	
产品单价:	5M/个	
总 金 额:	15M	
应收账期:	4Q	

第 2 年	本地市场	LP2-1/4
产品数量:	2P2	
产品单价:	6.5M/个	
总 金 额:	13M	
应收账期:	4Q	

图 3-13　第 2 年获得的 P1 订单情况　　　图 3-14　第 2 年获得的 P2 订单情况

第 2 年订单登记表见表 3-38。

表 3-38　第 2 年订单登记表

订单号	LP1 - 6/8	LP2 - 1/4	DP2 - 1/3	LP3 - 3/3	合计
市场	本地	本地	国内	本地	
产品	P1	P2	P2	P3	
数量	3 个	2 个	3 个	3 个	
账期	4Q	4Q	1Q	4Q	
销售额	15M	13M	24M	25M	64M
成本	6M	6M	9M	12M	27M
毛利	9M	7M	15M	13M	37M
未售		违约			

登记完成订单后，发现订单拿错了，企业在第 2 年可以有 5 个 P1，一条 P2、一条 P3 柔性线各生产 3 个产品没有问题，问题出在 2 个 P2，企业没有能力完成，因此，编号为 LP2 - 1/4 的订单只能违约。

据此重新编制生产计划、原材料采购计划、现金预算表。第 2 年生产计划见表 3-39。

表 3-39　第 2 年生产计划

季度	手工线 1		手工线 2		半自动线		P2 柔性线		P3 柔性线	
	下线	投产	下线	投产	下线	投产	下线	投产	下线	投产
1Q	1 个 P1	1 个 P1						1 个 P2		1 个 P3
2Q					1 个 P1	1 个 P1	1 个 P2	1 个 P2	1 个 P3	1 个 P3
3Q			1 个 P1	1 个 P2			1 个 P2	1 个 P2	1 个 P3	1 个 P3
4Q	1 个 P1	1 个 P2			1 个 P1	1 个 P1	1 个 P2	1 个 P2	1 个 P3	1 个 P3

根据生产计划编制原材料采购计划（见表 3-40）。

表 3-40   原材料采购计划   （单位：个）

季度	原材料	订购原材料	到货入库
1Q	R1	2	2
	R2	1	1
	R3	3	2
	R4	1	1
合计		6	6
2Q	R1	1	2
	R2	2	1
	R3	3	2
	R4	1	1
合计		6	6
3Q	R1	1	1
	R2	2	2
	R3	3	3
	R4	1	1
合计		7	7
4Q	R1	待定	2
	R2		2
	R3		3
	R4		1
合计			8

在编制现金预算表前，先完成 14M 广告费的支付，第 1 年年末企业有现金 12M，不足以支付 14M 广告费，第 1 年已经结束，企业无法通过银行进行贷款，唯一途径是企业现有的 32M 应收账款可以进行贴现。按照贴现规则，1、2 账期的应收账款贴现率为 10%，即每贴现 10M，企业可以获得 9M 现金，故企业从 32M 应收账款中取出 10M 进行贴现，其中，9M 放入现金中，1M 放入贴现费中。从现金中取出 14M 放入广告费处，由此可知，企业从第 2 年开始有现金 7M，2 账期的应收账款由 32M 变为 22M，所有者权益为 54M。根据以上情况，编制第 2 年现金预算表（见表 3-41）。

表 3-41   第 2 年现金预算表   （单位：M）

季度	1Q	2Q	3Q	4Q
期初现金	7	12	39	22
短期贷款	20	20	-20 与 20	-20 与 20

（续）

季度	1Q	2Q	3Q	4Q
接收原材料	6	6	7	8
下一批生产	3	3	3	4
建设生产线（1条柔性线）	5	5	5	5
管理费	1	1	1	1
应收账款收回		22		
违约金				3
维护费				5
市场开拓				2
利息			1	5
期末现金	12	39	22	−11

注：1. 第 2 年第 3 季度短期贷款 −20M 代表企业需要先偿还到期的短期贷款 20M，20M 代表在偿还到期的短期贷款后再次进行短期贷款 20M。第 2 年第 4 季度短期贷款 −20M/20M 与第 3 季度原理相同。

　　2. 第 2 年每季度期末现金 = 期初现金 + 短期贷款 + 应收账款收回 − 接收原材料 − 下一批生产 − 建设生产线 − 管理费 − 违约金 − 维护费 − 市场开拓 − 利息。

　　第 2 年第 1 季度期末现金 = 7M + 20M + 0M − 6M − 3M − 5M − 1M − 0M − 0M − 0M − 0M = 12M。

　　第 2 年第 2 季度期末现金 = 12M + 20M + 22M − 6M − 3M − 5M − 1M − 0M − 0M − 0M − 0M = 39M。

　　第 2 年第 3 季度期末现金 = 39M + (20M − 20M) + 0M − 7M − 3M − 5M − 1M − 0M − 0M − 0M − 1M = 22M。

　　第 2 年第 4 季度期末现金 = 22M + (20M − 20M) + 0M − 8M − 4M − 5M − 1M − 3M − 5M − 2M − 5M = −11M。

根据表 3-39，企业第 3 季度可以交货 3P1，得到 15M 账期为 4 的应收账款，第 4 季度可以交货 3P2、3P3，得到 1 账期应收账款 24M，4 账期应收账款 25M。

通过对第 2 年现金预算的分析，可以看出，第 2 年最大的变数是企业出现一张订单违约，不但没有从这张订单上获得收益，反而支付违约金达 13M × 20% = 2.6M，四舍五入，为 3M，正常交单，这张单可以获利 7M，现在反而亏损 3M，一正一反，相当于企业税前利润减少 10M。如果没有出现这种违约订单，企业在第 1 年的融资策略下，是可以顺利完成第 2 年的经营，虽然第 2 年第 4 季度企业出现资金缺口 11M，再加上还要考虑支付第 3 年的广告费，但是企业目前有 64M 的应收账款，对应收账款进行贴现，完全可以保证企业顺利进入第 3 年。

综上所述，证明企业第 1 年的筹资策略是正确的，第 2 年贷款总额度是 84M，表 3-41 所示，只计划短期贷款 40M，尚有 42M 的额度没有使用，这是对贷款额度的一种浪费。通过第 2 年的市场预测可以看出，市场上获得订单的难度在减少，需求越来越大，是否可以利用贷款额度的资金投资新的生产线，或不建新的生产线，也要将现金预算推算到第 3 年前 2 个季度，目的是验证企业第 2 年的筹资策略是否正确。

▶ 任务 6　生产线策略 ◀

在 ERP 物理沙盘模拟中，起始年给定有 4 条生产线，分别是 3 条手工线及 1 条半自动线，这决定了企业生产线策略，包括生产线变卖、生产线的购置、生产线转产三大策略。

一、各种生产线的特点

生产线的特点见表 3-42。

表 3-42　生产线的特点

生产线	手工线	半自动线	全自动线	柔性线
特点	优点：无安装周期，随时安装，随时使用；可以生产任一产品，不需转产费用，转产时不需停产，灵活性强 缺点：一年一条手工线只能生产一个产品，产能落后	优点：生产线价格较低 缺点：需要 2 个安装周期，一年最多只能生产 2 个产品，有转产费用，并且转产时需停产，产能落后	优点：一条线每个季度都可以生产出一个产品，产能较强，价格比较合理 缺点：安装周期较长，转产时需先停产，并需支付转产费，灵活性差	优点：产能高，灵活性强，可随意转产，不需转产费，也不需停产 缺点：生产线投资较高

二、生产线的变卖

变卖生产线主要有两种情况：①企业现有的生产线产能落后，不再满足企业发展的需要，如起始年拥有的手工线及半自动线必须要逐渐退出；②当企业资金不足，没有能力偿还到期的债务或者没有资金让企业顺利运营时，可以出售生产线，这种情况一旦出现，意味着企业经营陷入困境，很难东山再起，因此，这种情况我们在此不做讨论，仅讨论第一种情况，为了适应企业的发展，变卖当前落后的产能生产线。

1. 现有落后产能生产线具有的优势

在进行了起始年与第 1 年的运营后发现，第 1 年结束后，到第 2 年时，企业现有的手工线与半自动线都已经是生产线的净值与其残值相等，即从第 2 年开始，现有的各条手工线及半自动线都不再计提折旧费，只需要每年一条生产线支付 1M 的维护费即可，相当于企业可以免费使用这几条线。因此，在非必要情况下，不适合快速退出。

2. 现有落后生产线退出时机的选择

从前面起始年与第 1 年的运营看，起始年企业并没有新建生产线，第 1 年只建了 2 条柔性线，而企业现有大厂房可容纳 6 条生产线，这说明，第 1 年新建生产线时，起始年退出的那条手工线并没有对其产生有益影响，即原有 4 条生产线没有影响企业投资新建生产线计划，起始年退出的手工线 3 如果不退出，则在第 1 年第 3 季度可以下线 1 个 P1 产品，按照 P1 本地市场及区域市场的产品均价计算，1 个 P1 产品的毛利大约是 2.7M，而在第 1 年第 1 季度手工线 1 空闲、第 2 季度手工线 2 空闲，因为一条手工线生产周期是 3 个季度，故手工线 2 在第 1 年第 2 季度投产后需要在第 2 年第 1 季度才可以下线产品，即手工线 2 在第 1 年第 2 季度下线 1 个 P1 产品后，将不会有产品在第 1 年下线，而起始年变卖手工线 3 后，无论在起始年还是在第 1 年都没有影响企业新建生产线，因此，起始年变卖的手工线 3 是否可以换作在第 1 年变卖？这样企业可以增加 1 个 P1 产品的收益。

如果第 1 年不是新建 2 条生产线，而是新建 3 条，其中 2 条柔性线、1 条全自动线，是否需要退线呢？不需要，一个大厂房最多只能容纳 6 条生产线，则多出一条生产线，租一个小厂房，一个小厂房每年需要支付租金 3M，那么，一条手工线一年能否创造出超过 3M 的价值？这条手工线一年只能生产一个产品，生产的产品是 P1，即这条手工线不用计提折旧，只需交维护费 1M。按照前 3 年 P1 市场均价预测，P1 的最高价不超过 5.3M，直接成本是 2M，毛利是 3.3M，需付出的代价是维护费 1M、广告费至少 0.25M，如此看来，这条手工线是可以变卖的，但是手工线的特点是可以转产任何产品，如果是用来生产 P2、P3，则要认真衡量其变卖得失。

保持起始年 4 条线与第 1 年新建 2 条线的运营过程不变，在第 2 年，企业准备新建 3 条全自动线，是否需要退线？这种情况下，要比较退线与不退线的成本或收益，3 条手工线创造的收益是稳超小厂房租金的，建议新租小厂房用于容纳新建的 3 条全自动线，保留原有的 4 条落后生产线，第 3 年之后，这 4 条落后产能生产线再寻机退出。

三、生产线的购置

表 3-42 明确了各种生产线的优缺点，主流生产线应当是全自动线与柔性线。当产品的需求和价格都比较稳定时，尽量使用全自动线，这样可以节省现金和每一年的折旧，但是要准确把握产品的分布，不能集中在一种产品上，在选择订单时也要做到每种产品势在必得，否则会导致存货积压，如果市场需求和价格不稳定，忽高忽低，这时尽量多用柔性线，因为每一年都可以有针对性地转产需求量大和价格较高的产品，实现利润最大化，并且广告及竞单上风险也较小，若此产品没有得到，则可以转产彼产品，使损失最小化。

1. 生产线购置的影响因素

影响生产线投资的因素主要有：①销售预计，销售预计包括订单的数量和产品的毛利；②企业现金流。

销售预计主要来自企业的市场预测及广告的策略，起始年，企业可以贷款总额达到

$64M \times 3 = 192M$，减去已经贷的长期贷款 40M，企业可以贷款 150M（贷款只能是 10 或 20 的倍数，故实际最多可以贷款 150M），企业是否可以将所有的这 150M 可贷款全部贷了，直接新建 4 条柔性线？如果企业这样做了，那么第 1 年，无论企业付出什么样的代价，都不可能获得能让企业持续经营下去所需要的订单量，必然造成大量产品积压，导致企业现金流断裂，不到第 4 年，企业就会因所有者权益为负或者不能支付到期的债务而终止经营。

产品毛利对生产线的购置影响是很大的。决定企业建什么生产线，不是产品的毛利率，而是产品毛利。总结起来，建一条生产线，关键是看这条生产线生产的产品销售的毛利是否达到企业的预期，若达到了，则投资；若达不到，则宁可不建。

2. 生产线购置时机选择

根据规则，生产线建成当年不需要计提折旧，建成的下一年开始计提折旧。这条规则决定了企业投资建设新的生产线时，全自动线一般选择在第 2 季度开始建设，柔性线选择在第 1 季度开始建设，下一年的第 1 季度开始投产使用，这样，企业在下一年属于生产线建成当年，不用计提折旧。以全自动线为例，如果是当年第 1 季度开始投资建设，那么第 4 季度属于建成，可以投入生产，下一年多产出一个产品，当年需交维护费 1M，下一年需计提折旧 3M，现在需要做的就是衡量这一个产品的收益是否能达到 4M，生产出的产品如果是 P2，时间是第 1 年，根据市场需求预测，P2 第 1 年区域市场只有 3 张订单，欲取一张订单，广告费至少不低于 2M，单价却不到 7M，P2 直接成本是 3M，在这种情况下，收益低于提前建成生产线的成本。

如果是企业经营的最后一年，这时企业只建成 7 条生产线，没有达到 10 条，在最后一年无论新建全自动线还是半自动线、柔性线，都不能当年生产出产品，但是在订货会上，企业又有机会获得更多的、超出现有产能的订单，此时企业可以通过新建手工生产线的方式来进行生产，以满足额外订单的生产需求。

四、生产线的转产

由于市场的起伏不定，市场需求及产品价格在不同时期、不同市场变化较大，因此，不可避免地需要对生产线进行转产。如何科学合理地安排生产线转产是企业的重要决策。转产成功，收益最大化；转产不合理，不但起不到增加收益的作用，反而可能给企业带来损失。这需要企业进行科学的生产计划。前面做的第 2 年规划并不理想，问题就是企业拿错了订单，导致企业生产线无论怎样转产，都必然失败。我们将在制订生产计划模块重点讨论此内容。

▶ 任务7　选单策略 ◀

企业在经营过程中涉及企业发展战略、筹资策略、投资策略、生产规划等方面，而订单的选择对企业的发展起到至关重要的作用，下面我们从以下几个方面对订单进行解读。

一、订单对企业发展的影响

以第1年和第2年的经营为例，验证订单对企业发展有哪些方面的影响。原来假定企业在第1年获得的订单情况见前文表3-29，由此得到的现金预算表见前文表3-30，利润表见前文表3-34，资产负债表见前文表3-35。

现在改变订单的选择，第1年订单情况可以见本项目任务6，根据订单市场预测，假定企业选择的订单见表3-43。

表3-43　订单登记表

订单号	LP1-6/8	RP1-4/5		合计
市场	本地	区域		
产品	P1	P1		
数量	3个	1个		
账期	3Q	3Q		
销售额	14M	5M		19M
成本	6M	2M		8M
毛利	8M	3M		11M
未售				

根据表3-43的订单，可以得到现金预算表、利润表、资产负债表，分别见表3-44、表3-45、表3-46。

表3-44　第1年现金预算表　　　　　　　　　　　　（单位：M）

季度	1Q	2Q	3Q	4Q
期初现金	37	22	6	13
短期贷款			20	20
接收原材料	2	1		2
下一批生产	1	2		2
建设生产线（2条柔性线）	10	10	10	10
管理费	1	1	1	1

（续）

季度	1Q	2Q	3Q	4Q
应收账款收回				19
研发新产品（P2＋P3）	1	2	2	2
维护费				3
市场开拓				3
利息				4
期末现金	22	6	13	25

注：第 1 年每季度期末现金＝期初现金＋短期贷款＋应收账款收回－接收原材料－下一批生产－建
　　设生产线－管理费－研发新产品－维护费－市场开拓－利息。
　　第 1 年第 1 季度期末现金＝37M＋0M＋0M－2M－1M－10M－1M－1M－0M－0M－0M＝22M。
　　第 1 年第 2 季度期末现金＝22M＋0M＋0M－1M－2M－10M－1M－2M－0M－0M－0M＝6M。
　　第 1 年第 3 季度期末现金＝6M＋20M＋0M－0M－0M－10M－1M－2M－0M－0M－0M＝13M。
　　第 1 年第 4 季度期末现金＝13M＋20M＋19M－2M－2M－10M－1M－2M－3M－3M－4M＝25M。

表 3-45　利润表

项目	上年数		本年数
销售收入	32M	19M	本年有 2 张订单，销售额为 19M
直接成本	12M	8M	订单是 4 个 P1，1P1 的成本是 2M
毛利	20M	11M	19M－8M＝11M
综合费用	12M	24M	来自综合费用表
折旧前利润	8M	－13M	11M－24M＝－13M
折旧	4M	2M	2 条手工线各 1M，半自动线不计提折旧
支付利息前利润	4M	－15M	－13M－2M＝－15M
财务收入/支出	4M	4M	支付 40M 长期贷款的利息 4M
其他收入/支出	2M	0M	
税前利润	－2M	－19M	支付利息前利润－15M－4M＝－19M
所得税	0M	0M	－19 小于 0，不用交税
净利润	－4M	－19M	－19M－0M＝－19M

表 3-46　资产负债表

资产	期初数	期末数	期末数说明
流动资产：			
现金	44M	25M	直接填入第 1 年第 4 季度期末的现金余额
应收款	0M	0M	
在制品	6M	6M	2 条手工线、1 条半自动线各自生产 1P1

（续）

资产	期初数	期末数	期末数说明
成品	6M	8M	库存 4P1
原材料	0M	0M	没有库存任何原材料
流动资产合计	56M	39M	各项流动资产加总
固定资产：			
土地和建筑	40M	40M	自有厂房 40M
机器与设备	6M	4M	2 条手工线，每条净值 1M，半自动线净值 2M，这 3 条线从下一年开始不计提折旧，但可以继续用
在建工程	0M	40M	正在建设 2 条柔性线
固定资产合计	46M	84M	各项固定资产加总
资产总计	102M	123M	流动资产合计 + 固定资产合计

负债和所有者权益	期初数	期末数	说明
负债：			
长期负债	40M	40M	原有 40M 长期贷款尚未到期
短期负债		40M	第 3、4 季度各贷 20M
应付账款			
应交税金	0M	0M	本年亏损不用计税
一年内到期的长期负债			
负债合计	40M	80M	
所有者权益：			
股东资本	50M	50M	永远不变，除非股东增减资
利润留存	14M	12M	期初的利润留存 + 期初年度净利 = 14M + （ - 2）M = 12M
年度净利	- 2M	- 19M	利润表税后利润 - 19M
所有者权益合计	62M	43M	50M + 12M + （ - 19）M = 43M
负债和所有者权益总计	102M	123M	80M + 43M = 123M

通过对比表 3-29 与表 3-43 可以看出订单对企业的影响如下：

1）销售额由 38M 减少到 19M，减少幅度达到 50%。

2）直接成本由 16M 减少到 8M，减少幅度达到 50%。

3）毛利由 22M 减少到 11M，减少幅度达到 50%。

4）企业交货策略及应收款发生了变化，在表 3-29 的情况下，企业第 1 季度交订单 1P1，得到 1 账期应收款 6M，于第 2 季度收回；在新订单情况下，企业第 1 季度即可完成所有订单交货，得到 3 账期 19M 的应收账款，于第 4 季度全部收回，结果是新订单给企业增加了13M现金，减少了32M应收账款。

　　5）资产负债表发生了变化，现金由12M变更为25M，增加了13M；应收账款由32M变更为0M，减少了32M；库存成品由0M变更为8M，增加了8M库存；流动资产由50M变更为39M，减少了11M；资产总计由134M变更为123M，减少了11M。所有者权益由54M变更为43M，减少了11M。

　　6）利润表发生了变化，除上述1）、2）、3）项之外，利润由–8M变更为–19M，导致利润减少了11M。

　　7）以上是对第1年的影响，对第2年最重要的影响是：①多出4个P1产品的库存需要出售；②第2年贷款总额由54M×3＝162M变更为43M×3＝129M，可贷款额度减少了33M，对企业第2年及第3年的融资策略产生影响；③对第2年的广告投入产生影响，要多计算出售4个P1产品需要投放的广告费；④对第2年的现金预算产生影响；⑤对第2年的利润产生影响。

　　综上所述，订单的选择直接关系到企业未来的发展，对企业各个方面会产生深远影响，直接决定了企业融资策略、生产策略、生产线购置策略、广告投放等重大决策。

二、订单的分类

　　根据订单的交货期、ISO要求，可以分为普通订单与特殊订单。普通订单是一年4个季度，任意一个季度都可以交货的订单，如图3-15中编号为IP3-4/5的订单。特殊订单指的是有交货期限制的或者是有ISO认证要求的，即图3-15中除编号为IP3-4/5的订单之外的其他三张订单。加急订单指的是第1季度必须交货。交货期2Q指的是在第2季度前必须交货。ISO订单指的是企业必须要提前对产品进行ISO认证，才有资格选取带有ISO字样的订单。

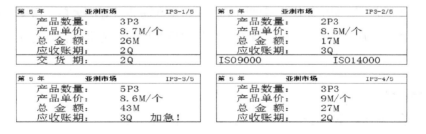

图3-15　各类订单

三、订单的选择

　　订单上一般包括订单号、产品、数量、单价、金额、市场等项目。这些项目都是在选择订单时要考虑的因素，在选择订单时，对于不同的情况要求考虑的重点也不同。

1. 竞争对手

这是决定选择订单的最重要的因素。以第 1 年为例，在起始年时，由于一共有 8 家企业，每家企业在起始年的订单都相同，生产线等各方面也完全一样，有人会提出不同的意见，认为在第 1 年有 P2 产品订单，但是第 1 年 P2 产品的订单只有 3 张，这决定了 P2 的竞争必然极其激烈，故大部分企业依然会保持原有状态，所以第 1 年各企业的产能还是以 P1 为主，各企业第 1 年时 P1 最少也可以生产 6 个。在这种情况下，企业如果是第一个选单，此时要考虑的最重要的因素就是怎样获得足够订单或者尽可能多地获取订单，价格是次要因素，因此，第 1 年第一个选单的企业选择数量最多的订单是最佳选择。企业如果不是第一个选单，大单都已经被选完了，那么选取订单的原则是：同样数量的订单，选取价格最高的；数量相同、价格相同的订单，选取账期最少的。

2. 企业产品集中度

企业产品集中度指的是企业的产能是分散于不同产品还是集中或偏重于某一产品，这对企业选择订单是至关重要的。

如果企业的产能主要集中于一种产品，而且产能比较大，这时要考虑的因素主要有：企业需要获取多少订单？竞争对手有多少？该产品有几个市场可供投放广告进行选单？企业是否是市场老大？在哪个市场上有二次选单机会？二次选单时，可供选择的订单大约有多少？企业可以投入的广告费用是多少？是否足够让企业有机会选到理想的订单？

产品集中度高，产能高，二次选单机会少，竞争激烈，在这种情况下，数量为决定因素，以获取足够多的订单为主。如果企业战略是走产品集中化策略，则应在每个市场上力争市场老大的地位，第一次争取老大地位，可能付出的代价较大，但是以后各年只要保持住，则每年都可以较小的代价取得丰厚的收益。

产品集中度低，企业同时经营多种产品，则走高端路线，每个市场广告费不需要过度争先，订单以高价、账期少为优先考虑因素，除非是利润非常好的大单，否则，以适当数量、单价高的订单为主要考虑对象，目标是在获取足够订单的情况下，尽可能以收益最大为原则。

3. 特殊订单

加急订单、ISO 订单，这对企业来说，要求是不一样的。

ISO 订单要求企业必须提前对该产品进行 ISO 认证。ISO 认证最少需要两年才能完成，并且在这两年，每年都要投入认证费，投入较高，关键是 ISO 订单一般是在第 4 年之后才出现。所以，有些企业并没有获得产品认证，是没有资格选择 ISO 订单的。遇到这种情况，企业要考虑竞争对手是否进行了 ISO 认证，如果没有，那么在选单时优先选择非 ISO 订单，然后有回单机会，再选 ISO 订单。做这种决策最重要的是对竞争对手的准确判断，判断失误，在订单选择上就会出现巨大失误，因为 ISO 订单通常产品单价都比较高。如果判断不准确，宁可优先选择 ISO 订单。

加急订单，要求第 1 季度必须交货。这是一个巨大的选单陷阱，有很多企业在选单时，只考虑是否拿到订单，而没有考虑企业的产能、存货，取得订单后，才发现企业根本没有能力在第 1 季度交货，不仅订单上的收益得不到，还要支付订单的违约金，如果企业有能力在第 1 季度交货，这时要考虑的就是对手能不能交货，如果都可以交，则尽可能优先选择加急订单。

4. 企业有无柔性线、手工线

企业多产品经营，并且有柔性线与手工线，根据这两种生产线的特点可知，这两种生产线只要空闲就可以随时转换生产其他任何一种产品，不受任何限制。所以，在选单时，首先确定好最大的产能，然后优先考虑收益大的产品的订单，唯一的要求就是企业的原材料采购计划、生产计划要科学合理，否则，这种操作只能带来损失。

5. 市场选择

有些企业不考虑市场，只要拿够订单就可以了，这是对企业的不负责任。产品本身没有好坏之分，只有企业是否给这个产品选对了市场，这就要求企业必须认真研究市场预测，做好不同产品在不同市场上的广告投放及目标订单策略。

由表 3-47 可知，企业划定各产品在本地市场不同年份应投放广告的市场，表中数字代表的是可以投放广告的产品及年份。

表 3-47　本地市场各产品第 1~6 年产品均价　　　　　　　　（单位：M）

年份	P1	P2	P3	P4
第 1 年	4.86	0	0	0
第 2 年	4.64	6.2	8	0
第 3 年	4.78	7.94	7.5	0
第 4 年	4.36	8.15	8	0
第 5 年	4.1	7.08	8.5	9.25
第 6 年	3.53	6.16	9	9.7

6. 超出产能订单处理

一种情况是企业进行到最后一年开始选单，此时，企业现有生产线不足 10 条，在选单时，有超出企业产能的订单可以选，企业需要分析与这张订单相比，企业差几个产品交不上货，如果所差产品数量可以通过新建手工线来完成，则这张订单是可以选择的。因为第 6 年是企业运营的最后一年，无论新建半自动线、全自动线还是柔性线都不可能增加产能，能增加产能的只有手工线。

另一种情况是，在正常经营过程中出现超出产能订单，这要看这张订单产品数量是多少，与企业现有产能相比，差几个产品交不上，企业通过紧急采购的方式购置不足产品，交单后是盈利还是亏损。如果是亏损，则不选；如果是盈利，则可以选。

▶ 任务 8　原材料订购策略 ◀

采购是企业生产的首要环节，企业的原材料的采购涉及两个环节，签订采购合同和按合同收料。签订采购合同要注意提前期。采购总监应实现对企业采购活动执行过程中的科学管理，分析各种物资供应的合适时间点，采购合适的品种和数量，为企业生产做好后勤保障。

一、采购原材料的技巧

采购原材料可以按以下思路进行：原材料采购一般是在参加订货会，拿到订单确定本企业的生产后进行，由本年的生产方案就可以确定本年各季度需要上线生产的各种产品数量，同样，还得预计下一年前两个季度需要上线生产的各种产品数量，在做这一预计时，应先确定所有全自动线需要上线生产的各种产品数量，再依据市场对各种产品的需求及各种产品的毛利润来预计将要生产哪种产品，从而确定各季度需要上线生产产品的数量，计算出该季度上线生产需要的各种原材料数量，再将这些原材料的数量按各自需要的提前订货期向前移动相应的季度，最后一个季度的订购量减去已经订购的或者库存的原材料数量，以及在财务比较富足时，对用于下一年柔性线和手工线生产的原材料可以适当多订，使下一年柔性线和手工线可选择生产产品的空间更广，这样得到的就是这一年的采购订货情况。

二、控制原材料的采购数量

控制原材料的采购数量其实就是要限制库存的数量，为了满足柔性线和手工线的随时转产，允许企业出现原材料库存，但只应出现在每一年前两个季度，对于提前一期采购的原材料应只在每一年的第一季度库存，提前两期采购的原材料应该只在每一年的前两个季度库存，在其他的季度这些原材料都应做到零库存。但如果确实其他的季度有原材料库存，这时除非这一库存的季度没有这种原材料的入库，否则就是采购没有实现原材料的控制。

三、采购与生产协调一致

采购是生产的前提，生产是采购的实现，两者只有相互协调一致才能实现共同的目标。采购总监只有监督好原材料的采购，才能保证生产的正常进行；只有预计好企业的生产，才能做好采购。生产人员在预计生产时应考虑市场和财务，多安排生产市场需求量大、利润空间高的产品，同时也按财务对现金流的需要安排生产，才能满足财务对不同时期收回货款的需要。

四、采购柔性线和手工线原材料的原则

1. 与市场的目标一致

销售总监希望销售需求量大、利润高的产品，同时希望选单时有更多的灵活度。在订购原材料时，为了尽可能地满足销售总监的这一需要，采购总监应按需求量大、利润高的产品来订购原材料，并在财务允许的范围内适当地多订购一些原材料，尽可能地增大生产的灵活度，即给予销售总监更大的选单灵活性。

2. 做好柔性线与手工线的随时转产，让市场的灵活性最高

为了让销售总监选单时的灵活度更高，采购总监应在财务的允许范围内尽可能地满足所有产品生产的需要，同时尽量降低原材料的库存。

3. 采购柔性线与手工线的原材料时要考虑财务的现金流

在现金流允许的情况下，订购生产线所需要的原材料可以按产品来确定。现金流比较困难时，可按市场的需求，依据最有可能需要生产的产品的原材料进行订购。

4. 注意原材料采购提前期不同对手工线与柔性线随时转产的影响

提前一期采购原材料的机动空间更大、更灵活，提前两期的机动余地较差，而要使两者的灵活性相同，则提前两期采购原材料造成的库存就会是提前一期的两倍，即它要占用两倍的资金。因此，在财务困难时，应多选择提前一期采购原材料的计划。

五、原材料零库存

考虑到企业有柔性线和手工线，企业为了使自身市场更具有灵活性，适当地拥有一些库存原材料是必要的。但是，原材料的积压如果超出企业财务承受的能力，有可能带来资金断流，故企业应尽可能做出科学的采购计划。

六、最后一年原材料的订购

最后一年，全自动线与柔性线第 4 季度是不需要生产的，手工线只有第 1 季度生产有

效，所以对于全自动线与柔性线，是不需要为其第 4 季度订购原材料的，手工线从第 2 季度起不用再订购原材料。这可以使企业将资金用于偿还到期的贷款本金与利息，避免资金紧张。

七、起始年与第 1 年实践案例

起始年初始有 3 个 R1 原材料，第 1 季度将到货 2 个 R1 原材料，没有研发新产品，没有新建生产线，只是按部就班地进行生产，则各条生产线的生产计划见前文表 3-12。

1. 起始年年初没有实现原材料控制及与生产计划协调

起始年年初企业有 3 个 R1 原材料库存，而 R1 只需要 1 个提前期订购，灵活性比较强，积压 3 个 R1 原材料完全是因为没有做生产计划，或即使做了生产计划，生产计划与采购计划也是脱节的。有库存 3 个 R1，还继续订购 2 个 R1，这造成企业原材料库存毫无必要的积压，企业在原材料控制方面表现极差。

2. 如何对起始年原材料采购量进行控制

根据前文表 3-12，第 1 季度需 1 个 R1、第 2 季度需 2 个 R1、第 3 季度需 1 个 R1、第 4 季度需 1 个 R1，起始年 1 季度原材料到货后，库存 5 个 R1，因此 1、2、3 这三个季度是不需要订购原材料的，即可完成全年的生产计划，但是第 4 季度必须为下一年的生产订购原材料。

3. 原材料订购的连续性

由前文表 3-26 可知，第 1 年第 1 季度需要 1 个 R1，第 2 季度需要 2 个 R1，第 3 季度需要 0 个 R1，第 4 季度需要 2 个 R1。为了满足第 1 年的生产计划，需要在起始年第 4 季度订购 1 个 R1，第 1 年第 1 季度订购 2 个 R1、第 2 季度不需要订购、第 3 季度订购 2 个 R1，这有效保障了第 1 年各季度生产的原材料需求。在不考虑第 2 年生产需求的情况下，起始年与第 1 年的采购计划与生产计划完美结合，实现零库存，而且生产计划能顺利完成。这体现了原材料订购的连续性和计划性。

4. 原材料订购与新生产线生产有效衔接

第 1 年建设 2 条柔性线，分别用于生产 P2、P3，到第 2 年第 1 季度可以投产使用，因此，在第 1 年时必须要考虑这 2 条生产线进行生产所需的原材料，P2 产品的成本构成是 R2 + R3，P3 的成本构成是 R1 + R3 + R4，其中，R1、R2 的订货期是提前 1 个季度，R3、R4 的订购提前期是 2 个季度，故在第 1 年第 3 季度必须提前订购 R3、R4，而生产 P2、P3 所需的 R1、R2 在第 1 年第 4 季度订购即可，第 1 年第 4 季度要继续订购生产 P2、P3 所需要的 R3、R4 原材料。具体来看，第 1 年第 3 季度是为第 2 年第 1 季度生产 P2、P3 准备的

R3、R4 原材料，第 4 季度是为第 2 年第 2 季度生产 P2、P3 准备的 R3、R4 原材料。

5. 看第 2 年企业的订单，发现表 3-39 生产计划安排不合理

企业 P2 产品的订单是 1 账期的，如果能提前交货，则企业可以提前获得应收账款的现金 24M，但是根据前文表 3-39 的安排，只能在第 2 年第 4 季度完成 P2、P3 产品的交货任务，这完全没有考虑柔性线灵活性的特点，在第 1 年制订原材料采购计划时就应考虑到柔性线转产的特点，而提前订购好原材料。

项目四　企业模拟经营电子沙盘

知识目标

掌握电子沙盘操作流程；掌握电子沙盘操作指南；掌握电子沙盘运营规则。

能力目标

能够登录电子沙盘；将运营规则运用到企业经营决策当中。

素养目标

培养学生敬业、精益、创新的工匠精神；培养学生严谨求实、一丝不苟的工作作风；培养学生遵纪守法和遵守行业企业标准的习惯；培养学生良好的职业道德和行为操守；培养学生良好的专业语言表达与社会沟通能力；培养学生良好的团队合作精神。

▶ 任务 1　认识企业模拟经营电子沙盘 ◀

一、新商战企业模拟经营系统简介

新商战企业模拟经营电子沙盘的实训不同于 ERP 手工沙盘实训。ERP 手工沙盘模拟运营已经经营至第 3 年年初的企业，此时企业已经具备了一定的生产能力和生产资格，但该企业设备陈旧，产品、市场单一，面临困境。鉴于此，需引进一批优秀的新人对企业进行改革，以带领企业进入全新的发展空间。而新商战企业模拟经营电子沙盘是给我们提供虚拟资金，由自己创建一个企业，从第 1 年开始经营，经营路线由自己来定，符合大学生创业的发展思路。操作电子沙盘前应对手工沙盘的操作流程有所了解，但其运营规则同手工沙盘有所不同，具体规则见本项目任务 2。

1. 首次登录

首次登录系统时需由选定的操盘手注册模拟企业的相关信息，如图 4-1 所示。

2. 操作界面介绍

模拟企业经营操作界面（见图 4-2）共分为以下四部分：

1）用户信息和信息栏（如图 4-2 中界面上边第二行方框内所示）。通过用户信息部分可以了解到用户所在组别、公司资料、企业组织结构、用户状态、当前时间等情况。

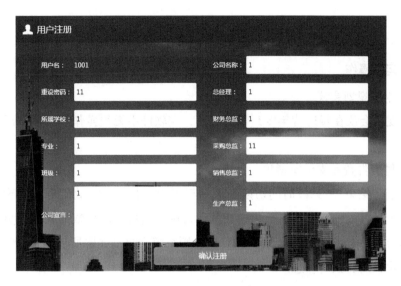

图4-1　模拟企业注册界面

2）企业经营情况（如图4-2中"空地"至"财务信息"部分所示）。企业经营情况包括空地使用情况、财务信息、研发认证信息、库存采购信息。此部分以直观的形式向操作者展示了企业进行相关操作时的具体情况，如研发认证信息、企业研发的产品、研发的时间进度等，这些都可以看得非常清楚。

图4-2　模拟企业经营操作界面

3）全年操作部分（如图4-2中界面下方操作区所示）。这部分是每完成一项操作，才能进入下一项的操作。有先后顺序要求，操作之后，不能更改。

4）随时可操作部分（如图4-2中界面最下边及最上面所示）。这部分包括界面底部的贴现、紧急采购、出售库存、厂房贴现、订单信息、间谍，以及界面顶部的公告信息、规则说明和市场预测等。以上各项在第1年第1季度开始以后都可以随时进行操作。

二、电子沙盘操作指南

1. 年初运营操作

（1）新年度规划会议

新年度规划会议在每运营年度开始时召开，在软件中无须操作。具体情况与物理沙盘一致。

（2）支付广告费和支付所得税

单击"当年结束"，系统时间切换到下一年年初，若需要投放广告，则确认投放后系统会自动扣除所投放的广告费、上年应交的所得税、支付长期贷款的利息并更新长期贷款（见图4-3、图4-4）。如果有长期贷款到期，则系统会自动扣除所借的长期贷款；如果没有，则只扣除长期贷款的利息。

产品市场	本地	区域	国内	亚洲	国际
P1	0 W	0 W	0 W	0 W	0 W
P2	30 W	10 W	0 W	0 W	0 W
P3	50 W	30 W	0 W	0 W	0 W
P4	0 W	0 W	0 W	0 W	0 W

图4-3　"投放广告"界面

广告投放完毕

准备参加订货会
- 支付广告费
- 支付所得税
- 还本利息/更新长期贷款

END

确认　　取消

图4-4　"广告投放完毕"界面

（3）参加订货会

操作：

单击主页面下方操作区中菜单"参加订货会"，弹出"订货会就绪"界面（见图4-5）或"参加订货会"界面（图4-6）。当其他企业存在未完成投放广告操作时，系统会显示

图4-5所示界面；当所有企业均已经完成投放广告，且教师/裁判已经启动订货会时，系统会显示图4-6所示界面。

图4-5　"订货会就绪"界面

| 参加订货会 | | | | | | | 编号 ↕ | 总价 ↕ | 单价 ↕ | 数量 ↕ | 交货期 ↕ | 账期 ↕ | ISO | 操作 |

本地（P1，201）区域（P2，201）正在选单 国内 亚洲 无广告

本地　区域　国内　亚洲

201参加第2年订货会。当前回合为本地市场、P1产品、选单用户201、剩余选单时间为23秒。

ID	用户	产品广告	市场广告	销售额	次数		编号 ↕	总价 ↕	单价 ↕	数量 ↕	交货期 ↕	账期 ↕	ISO	操作
1	201	22	44	0	4		S211_02	112	56.00	2	4	2	-	-
							S211_08	154	51.33	3	4	1	-	-
							S211_09	216	54.00	4	4	2	-	-
							S211_11	117	58.50	2	4	0	-	-
							S211_12	161	53.67	3	3	1	-	-
							S211_13	197	49.25	4	3	2	-	-

图4-6　"参加订货会"界面

说明：

系统会提示正在进行选单的市场（显示为红色）、选单用户和剩余选单时间，企业选单时特别要关注上述信息。

"参加订货会"界面左边显示某市场的选单顺序，右边显示该市场的订单列表。未轮到当前用户选单时，右边操作一列无法单击。当轮到当前用户选单时，操作显示"选中"按钮，单击选中，成功选单。当选单倒计时结束后，用户无法选单。

选单时要特别注意有两个市场同时进行选单的情况，此时很容易漏选市场订单。

全部市场选单结束后，订货会结束。

（4）长期贷款

操作：

单击主页面下方操作区中的"申请长贷"，弹出"申请长贷"界面（见图4-7）。弹出界面中显示本企业当前时间可以贷款的最大额度，单击"需贷款年限"下拉框，选择贷款年限，在"需贷款额"录入框内输入贷款金额，单击"确认"，即申请长贷成功。

图4-7　"申请长贷"界面

说明：

关于需贷款年限，系统预设有1年、2年、3年、4年和5年，最大贷款额度系统设定为上年末企业所有者权益的 N 倍，N 具体为多少，由教师/裁判在参数设置中设定。需贷款额由企业在年度规划会议中根据企业运营规划确定，但不得超过最大贷款额度。

长期贷款为分期付息，到期一次还本。年利率由教师/裁判在参数设置中设定。

举例：

若长期贷款年利率设定为10%，贷款额度设定为上年末所有者权益的3倍，企业上年末所有者权益总额为80W，则本年度贷款上限为240W（即80W×3），假定企业之前没有贷款，则本次贷款最大额度为本年度贷款上限，即240W。若企业之前已经存在100W的贷款，则本次贷款最大额度为本年度贷款上限减去已贷金额，即140W。

若企业第1年年初贷款180W，期限5年，则系统会在第2、3、4、5、6年年初自动扣除长贷利息18W（即180W×10%），并在第6年年初自动偿还贷款本金180W。

⚠ **注意：** 贷款可以贷任意正整数，利息四舍五入，如贷款金额为155W，每年需支付利息为155W×10%＝15.5W，四舍五入，每年需支付利息16W；贷款金额为154W，每年需支付利息为154W×10%＝15.4W，四舍五入，每年需支付利息为15W。

2. 每季度运营操作

（1）当季开始

操作：

单击"当季开始"按钮，系统会弹出"当季开始"界面（见图4-8），该操作完成后才能进入季度内的各项操作。

图 4-8　"当季开始"界面

说明：

进行"当季开始"操作时，系统会自动完成短期贷款的更新，偿还短期借款本息，检测更新生产/完工入库情况（若已完工，则完工产品会自动进入产品库，可通过查询库存信息了解入库情况）、检测生产线完工/转产完工情况，将鼠标指针移至短贷总额处可以查看前面各期短期贷款的情况（见图 4-9），单击"库存采购信息"下拉框会出现如图 4-9b所示的信息。

a)"财务信息"界面　　　　b)"库存采购信息"界面

图 4-9　"财务信息"与"库存采购信息"界面

（2）申请短贷

操作：

单击主页面下方操作区中菜单"申请短贷"，弹出"申请短贷"界面（见图 4-10）。在"需贷款额"后输入金额，单击"确认"按钮即短贷成功。

图 4-10　"申请短贷"界面

说明：

短贷期限默认为 1 年，到期一次还本付息，仅允许贷款为正整数，贷款年利率由教师/裁判在参数设置中设定，短贷申请时不得超过"申请短贷"界面中的"最大贷款额度"。

举例：

假定企业短期贷款年利率为 5%，则企业若在第 1 年第 1 季度短期贷款 289W，那么，企业需在第 2 年第 1 季度偿还该笔短贷的本金 289W 和利息 14.45W（即 289W×5%），利息四舍五入为 14W。如果在第 1 年第 1 季度短期贷款 290W，那么，企业需在第 2 年第 1 季度偿还该笔短期贷款的本金 290W 和利息 14.5W（即 290W×5%），利息四舍五入为 15W。

（3）更新原料库

操作：

单击主界面下方操作区中菜单"更新原料库"，弹出"更新原料"界面(见图 4-11)，提示当前应入库原料需支付的现金。确认金额无误后，单击"确认"，系统扣除现金并增加原料库存。

图 4-11　"更新原料"界面

说明：

企业经营沙盘运营中，原材料一般分为 R1、R2、R3、R4 四种，它们的采购价由系统设定，一般每 1 种原材料每个价格均为 1W。其中，R1、R2 材料款是在订购 1 个季度后支付，R3、R4 材料款是在订购 2 个季度后支付。

举例：

假定每种原材料每个采购价均为 1W，若某企业在第 1 季度订购了 R1、R2、R3、R4 各 1 个，第 2 季度又订购了 R1、R2、R3、R4 各 2 个，则第 2 季度更新原料操作时，需支付的材料采购款为 2W（系第 1 季度订购的 R1 和 R2 材料款）；第 3 季度更新原料操作时，需支付的材料采购款为 6W（系第 1 季度订购的 R3、R4 材料款和第 2 季度订购的 R1、R2 材料款）。分析过程如图 4-12 所示。

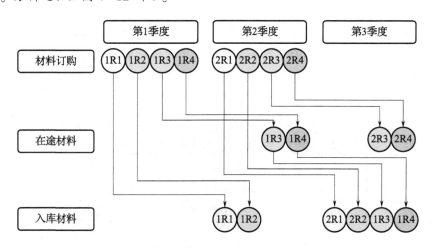

图 4-12　原材料订购分析过程

（4）订购原料

操作：

单击主页面下方操作区中菜单"订购原料"，弹出"订购原料"界面（见图 4-13），显示原料名称、价格、运货期，在"数量"一列输入需订购的原料量值，单击"确认"即可。

图 4-13　"订购原料"界面

说明：

企业原材料一般分为 R1、R2、R3、R4 四种，其中，R1、R2 原材料需提前 1 个季度订购，在 1 个季度后支付材料款并入库；R3、R4 原材料需提前 2 个季度订购，在 2 个季度后支付材料款并入库。材料订购数量由后期生产需要来决定，订购多了会造成现金占用，订购少了则不能满足生产需要，会造成生产线停产，甚至不能按期完成产品交货，导致产品订单违约。

举例：

若企业第 2 季度需要领用 5R1、4R2，第 3 季度需要领用 3R1、4R2、5R3、4R4，第 4 季度需要领用 4R1、6R2、4R3、5R4，则企业第 1 季度需要订购的原材料为 5R1、4R2、5R3、4R4，第 2 季度需订购的原材料为 3R1、4R2、4R3、5R4。分析过程如图 4-14 所示。

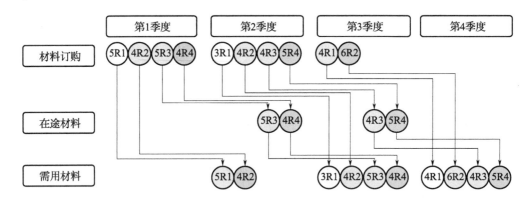

图 4-14　原材料订购情况

（5）购租厂房

操作：

单击主页面下方操作区中菜单"购租厂房"，弹出"购租厂房"界面（见图 4-15）。单击下拉框选择厂房类型，下拉框中提示每种厂房的购买价格、租用价格等。选择订购方式，买或租。单击"确认"即可。

图 4-15　"购租厂房"界面

说明：

厂房类型根据需要选择大厂房或小厂房，订购方式可以根据需要选择买或租。厂房每季度均可购入或租入。

若选择购买，则需一次性支付购买价款，无后续费用；若选择租入，则需每年支付租金，租金支付时间为租入当时以及以后每年对应季度的季末。

举例：

若企业在第 1 年第 2 季度选择购入 1 个大厂房，则系统会在购入时一次性扣除相应的购买价款，以后不再产生相关扣款。

若企业在第 1 年第 2 季度选择租入 1 个大厂房，则需在第 1 年第 2 季度租入时支付第 1 年租金，以后每年的租金由系统自动在第 2 季度季末支付。

（6）新建生产线

操作：

单击主页面下方操作区中菜单"新建生产线"，弹出"新建生产线"界面（见图 4-16）。选择放置生产线的厂房，单击"类型"下拉框，选择要新建的生产线类型，下拉框中有生产线购买的价格信息，选择新建的生产线计划生产的产品类型。单击"确认"即可。

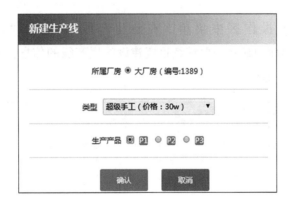

图 4-16　"新建生产线"界面

⚠ **注意：** 新建多条生产线时，无须退出该界面，可重复操作。

说明：

生产线一般包括手工线、半自动线、自动线和柔性线等，各种生产线的购买价格、折旧、残值、生产周期、转产周期、建造周期详见规则说明。

举例：

若规则规定：手工线买价 30W、建造期 0Q，半自动线买价 100W、建造期 1Q，自动线买价 150W、建造期 3Q，柔性线买价 200W、建造期 4Q。

企业如果在第 1 年第 1 季度同时建造上述生产线，则第 1 季度新建生产线时需支付 230W（手工线 30W、半自动线 100W、自动线 50W、柔性线 50W），第 2 季度在建生产线时需支付 100W（自动线 50W、柔性线 50W），第 3 季度在建生产线时需支付 100W（自动线 50W、柔性线 50W），第 4 季度在建生产时需支付 50W（柔性线 50W）。建造过程详见表 4－1。

表 4－1　生产线建造过程

生产线	第 1 年 1Q	第 1 年 2Q	第 1 年 3Q	第 1 年 4Q	第 2 年 1Q	总投资额
手工线	30W 建成					30W
半自动线	100W 在建	建成				100W
自动线	50W 在建	50W 在建	50W 在建	建成		150W
柔性线	50W 在建	50W 在建	50W 在建	50W 在建	建成	200W
当季投资总额	230W	100W	100W	50W		

（7）在建生产线

操作：

单击主页面下方操作区中菜单"在建生产线"，弹出"在建生产线"界面（见图 4－17）。弹出界面中显示需要继续投资建设的生产线的信息，勾选决定继续投资的生产线，单击"确认"即可。

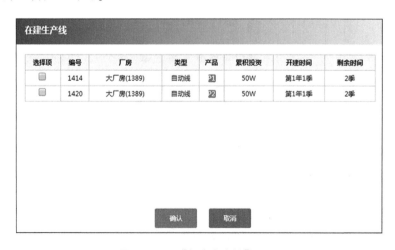

图 4－17　"在建生产线"界面

说明：

该界面会提供处于建造期的生产线的累计投资额、开建时间和剩余建造期。

举例：

详见"（6）新建生产线"。

（8）生产线转产

单击主页面下方操作区中菜单"生产线转产"，弹出"生产线转产"界面（见图4-18）。弹出界面中显示可以进行生产转产的生产线信息，勾选转产的生产线以及转线要生产的产品，单击"确认"即可。

图4-18　"生产线转产"界面

说明：

生产线建造时已经确定了生产的产品种类，但是在企业运营过程中，为完成不同产品数量的订单按时交货，可能会对生产线生产的产品进行适当的转产操作，转产时要求该生产线处于待生产状态，否则不可进行转产操作。

转产时，不同生产线的转产费用和转产周期是有区别的，具体详见规则说明。当转产周期大于1Q时，下一季度单击"生产线转产"，弹出界面中显示需要继续转产的生产线，勾选即继续投资转产，不选即中断转产。

举例：

假定规则规定手工线转产周期为0Q，转产费用为0W。若某手工线原定生产P1产品，现在需要转产为P2产品，则转产时要求该手工线上没有在产品方能转产，且转产当季即可上线生产新的P2产品，无须支付转产费用。

假定规则规定半自动线转产周期为 1Q，转产费用为 1W。若某半自动线原定生产 P1 产品，现在需要转产为 P2 产品，则转产时要求该半自动线上没有在产品方能转产，且需进行 1 个季度的"生产线转产"操作后，方能上线生产新的 P2 产品，且需支付相应的转产费用 1W。

（9）出售生产线

操作：

单击主页面下方操作区中菜单"出售生产线"，弹出"出售生产线"界面（见图 4-19）。弹出界面中显示可以进行出售的生产线信息。勾选要出售的生产线，单击"确认"即可。

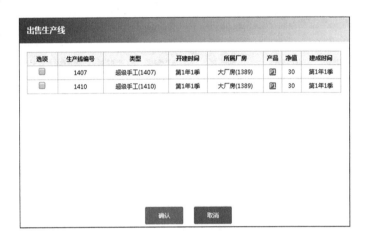

图 4-19　"出售生产线"界面

说明：

生产线出售的前提是该生产线是空置的，即没有在生产产品。出售时按残值收取现金，将净值（生产线的原值减去累计折旧后的余额）与残值之间的差额作为企业损失。即已提足折旧的生产线不会产生出售损失，未提足折旧的生产线必然产生出售损失。

举例：

假定规则规定半自动线建设期为 1Q，原值为 10W，净残值为 2W，使用年限为 4 年。若某企业第 1 年第 1 季度开建一条半自动线，则该生产线系第 1 年第 2 季度建成，只要该生产线处于待生产状态即可进行出售。

若建成后当年将其出售，则会收到 2W 现金，同时产生 8W 损失（即原值 10W - 累计折旧 0W - 净残值 2W）；若第 2 年将其出售，则会收到 2W 现金，同时产生 6W 损失（即原值 10W - 累计折旧 2W - 净残值 2W），以此类推。

（10）开始生产

操作：

单击主页面下方操作区中菜单"开始生产"，弹出"开始下一批生产"界面（见图4-20）。弹出界面中显示可以进行生产的生产线信息，勾选要投产的生产线，单击"确认"即可。

图4-20　"开始下一批生产"界面

说明：

开始下一批生产时，应保证相应的生产线空闲、产品完成研发、生产原料充足、投产用的现金足够，上述四个条件缺一不可。开始下一批生产操作时，系统会自动从原材料仓库领用相应的原材料，并从现金处扣除用于生产的人工费用。

举例：

假定规则规定P1产品构成为1R1+10W，当前想在某半自动线上线生产P1产品，则要求该半自动线此时没有在产品（因为一条生产线同时只能生产1个产品），且原材料仓库需有1个R1原材料，以及10W的现金余额用于支付产品生产的人工费。上线生产后，系统会自动从R1原料库中领用1个R1，并从现金库中扣除10W的生产费用。

（11）应收款更新

操作：

单击主页面下方操作区中菜单"应收款更新"，弹出"应收款更新"界面（见图4-21），单击"确认"即可。

图 4-21   "应收款更新"界面

说明：

应收款更新操作实质上是将企业所有的应收款项减少 1 个收账期，它分为两种情况：一种是针对本季度尚未到期的应收款，系统会自动将其收账期减少 1 个季度；另一种是针对本季度到期的应收款，系统会自动计算并在"收现金额"框内显示，将其确认收到，系统自动增加企业的现金。

举例：

若某企业上季度末应收账款有以下两笔：一笔为账期为 3Q、金额为 20W 的应收款；另一笔为账期为 1Q、金额为 30W 的应收款。则本季度进行应收款更新时，系统会将账期为 3Q、金额为 20W 的应收款更新为账期为 2Q、金额为 20W 的应收款，同时系统会自动将账期为 1Q、金额为 30W 的应收款收现。

（12）按订单交货

操作：

单击主页面下方操作区中菜单"按订单交货"，弹出"交货订单"界面（见图 4-22）。单击每条订单后的"确认交货"即可。

订单编号	市场	产品	数量	总价	得单年份	交货期	账期	ISO	操作
S211_01	本地	P1	4	208W	第2年	4季	1季	-	确认交货
S211_03	本地	P1	4	208W	第2年	4季	3季	-	确认交货
S211_04	本地	P1	2	96W	第2年	4季	2季	-	确认交货
S211_05	本地	P1	1	53W	第2年	4季	3季	-	确认交货
S211_06	本地	P1	4	201W	第2年	4季	1季	-	确认交货
S211_07	本地	P1	4	179W	第2年	4季	0季	-	确认交货
S211_10	本地	P1	2	96W	第2年	4季	2季	-	确认交货

图 4-22   "交货订单"界面

说明：

"交货订单"界面中会显示年初订货会上取得的所有产品订单，该订单会提供订单销售收入总价、某订单需交的产品种类和数量、交货期限、账期等信息。单击相应订单右边的"确认交货"按钮后，在相应产品库存足够的情况下会提示交货成功，在库存不足的情况下会弹出"库存不足"的提示框。订单交货后会收取相应的现金或产生相应的应收款。

举例：

若企业获取的订单情况如图4-22中所示，则表示上述订单均要求在当年第4季度结束前交货，如果不能按时交货，则取消该产品订单，且要支付相应的违约金（违约金比例由教师/裁判在系统参数中设置）。

（13）厂房处理

操作：

单击主页面下方操作区中菜单"厂房处理"，弹出"厂房处理"界面（见图4-23）。选择厂房的处理方式，系统会自动显示符合处理条件的厂房以供选择。勾选厂房，单击"确认"。

图4-23 "厂房处理"界面

说明：

厂房处理方式包括卖出（买转租）、退租、租转买三种。

卖出（买转租）操作针对原购入的厂房，实质上此操作包括两个环节：①卖出厂房；②将此厂房租回。卖出厂房将根据规则产生一定金额、一定账期的应收款（详见规则说明）。租入厂房需支付对应的租金，这一操作无须厂房空置。

退租操作针对原租入的厂房，该操作要求厂房内无生产设备，若从上年支付租金时开始算，租期未满1年的，则无须支付退租当年的租金，反之，则需支付退租当年的租金。

租转买操作针对原租入的厂房，该操作实质上包括两个环节：①退租；②将该厂房买入。退租当年租金是否需要支付参照"退租操作"说明，购买厂房时需支付相应的购买价款，该操作无须厂房空置。

举例：

假定规则规定某大厂房购买价为400W，租金40W/年。

若企业欲将原购入的大厂房买转租，则会产生期限为4Q、金额为400W的应收款，同时系统会在买转租时自动扣除当期厂房租金40W。

若企业于上年第2季度租入一个大厂房，如果在本年度第2季度结束前退租，则系统无须支付第2个年度的厂房租金；如果在本年度第2季度结束后退租，则系统需扣除第2个年度的厂房租金40W。此操作要求该厂房内无生产设备。

若企业欲租转买原租入的大厂房，则系统仍会在大厂房租入的对应季度扣除当年的租金，并且在租转买时支付大厂房的购买价款400W。

（14）产品研发

操作：

单击主页面下方操作区中菜单"产品研发"，弹出"产品研发"界面（见图4-24）。勾选需要研发的产品，单击"确认"。

图4-24　"产品研发"界面

说明：

产品研发按照季度来投资，每个季度均可操作，中间可以中断投资，直至产品研发完成，产品研发成功后方能生产相应的产品。产品研发的规则详见规则说明。

举例：

若规则规定P1、P2、P3的研发规则如图4-24所示，则某企业在第1年第1季度开始同时研发上述3种产品，且中间不中断研发，则第1年第1季度需支付研发费用30W，第1季度无产品研发完成；第1年第2季度需支付研发费用30W，此时P1产品研发完成，第3季度即可生产P1产品；第1年第3季度需支付研发费用20W，此时P2产品研发完成，第4季度即可生产P2产品；第1年第4季度需支付研发费用10W，此时P3产品研发完成，第2年第1季度即可生产P3产品。具体研发过程见表4-2。

表 4-2　新产品研发

产品	第1年第1季度	第1年第2季度	第1年第3季度	第1年第4季度	第2年第1季度
P1	10W	10W	研发完成		
P2	10W	10W	10W	研发完成	
P3	10W	10W	10W	10W	研发完成
当季投资总额	30W	30W	20W	20W	10W

（15）ISO 投资

操作：

该操作只有每年第 4 季度才出现。单击主页面下方操作区中菜单"ISO 投资"，弹出"ISO 投资"界面（见图 4-25）。勾选需要投资的 ISO 资质，单击"确认"即可。

图 4-25　"ISO 投资"界面

说明：

ISO 投资包括产品质量（ISO9000）认证投资和产品环保（ISO14000）认证投资。企业若想在订货会上选取带有 ISO 认证的订单，必须取得相应的 ISO 认证资格，否则不能选取该订单。ISO 投资每年进行一次，可中断投资，直至 ISO 投资完成。

举例：

若企业在订单市场中想选择带有 ISO9000 的产品订单，则该企业必须已经完成 ISO9000 的投资，否则不能选择该订单。

假定 ISO 投资规则如图 4-25 所示，企业若在第 1 年同时开始投资 ISO9000 和 ISO14000，中间不中断投资，则第 1 年该企业需支付 ISO 投资额 30W（ISO9000 投资费用 10W + ISO14000 投资费用 20W），第 2 年该企业还需支付 ISO 投资额 30W，此时完成 ISO 投资，该企业方可在第 3 年的年度订货会中选取带有 ISO 资格要求的订单。

（16）市场开拓

操作：

该操作只有每年第 4 季度才出现。单击主页面下方操作区中菜单"市场开拓"，弹出"市场开拓"界面（见图 4-26）。勾选需要研发的市场，单击"确认"即可。

图 4-26   "市场开拓"界面

说明：

企业经营沙盘中，市场包括本地市场、区域市场、国内市场、亚洲市场和国际市场。市场开拓是企业进入相应市场投放广告、选取产品订单的前提。市场开拓相关规则详见规则说明。市场开拓每年第 4 季度末可操作一次，中间可中断投资。

举例：

假定规则规定本地市场、区域市场、国内市场、亚洲市场和国际市场的开拓期分别为 0、1、2、3、4 年，开拓费用均为每年 10W。若企业从第 1 年年末开始开拓所有市场，且中间不中断投资，则

第 1 年需支付 50W（各类市场各 10W）市场开拓费用，且当即完成本地市场的开拓，即在第 2 年年初的订货会上可对本地市场投放广告、选取订单；

第 2 年年末需支付 30W（国内、亚洲、国际各 10W）市场开拓费用，且完成区域市场和国内市场的开拓，即在第 3 年年初的订货会上可对本地市场、区域市场和国内市场投放广告、选取订单；

第 3 年年末需支付 20W（亚洲、国际各 10W）市场开拓费用，且完成亚洲市场的开拓，即在第 4 年年初的订货会上可对本地、区域、国内和亚洲市场投放广告、选取订单；

第 4 年年末需支付 10W（国际市场 10W）市场开拓费用，且完成国际市场的开拓，即在第 5 年年初的订货会上可对所有市场投放广告、选取订单。

（17）当季（年）结束

该操作在每年第 1 ~ 3 季度末显示"当季结束"，每年第 4 季度末显示"当年结束"。单击主页面下方操作区中菜单"当季结束"或"当年结束"，弹出"当季结束"或"当年结束"界面（见图 4 - 27、图 4 - 28）。核对当季（年）结束需要支付或更新的事项。确认无误后，单击"确认"即可。

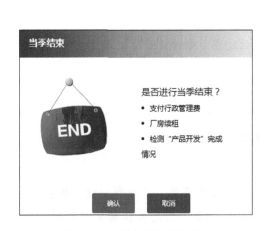

图 4 - 27　"当季结束"界面

图 4 - 28　"当年结束"界面

说明：

当季结束时，系统会自动支付行政管理费、厂房续租租金，检查产品开发完成情况。

当年结束时，系统会自动支付行政管理费、厂房续租租金，检测产品开发、ISO 投资、市场开拓情况，自动支付设备维护费、计提当年折旧、扣除产品违约订单的罚款。

3. 年末运营操作

（1）填写报表

操作：

单击主页面下方操作区中菜单"填写报表"，弹出"填写报表"相关界面（见图 4 - 29）。依次在综合费用表、利润表、资产负债表的编辑框内输入相应计算数值，三张表填写过程中都可以单击"保存"，暂时保存数据。单击"提交"，即提交结果，系统计算数值是否正确并在教师端公告信息中显示判断结果。

图 4-29   "填写报表"相关界面

说明：

综合费用表反映企业期间费用的情况，具体包括管理费用、广告费、设备维护费、转产费、厂房租金、市场开拓费、ISO 认证费、产品研发费、信息费和其他等项目。其中，信息费是指企业为查看竞争对手的财务信息而支付的费用，具体由规则确定。

利润表反映企业当期的盈利情况，具体包括销售收入、直接成本、综合费用、折旧、财务费用、所得税等项目。其中，销售收入为当期按订单交货后取得的收入总额，直接成本为当期销售产品的总成本，综合费用根据"综合费用表"中的合计数填列，折旧系当期生产线折旧总额，财务费用为当期借款所产生的利息总额，所得税根据利润总额计算。

此外，下列项目系统自动计算，公式如下：

销售毛利 = 销售收入 − 直接成本

折旧前利润 = 销售毛利 − 综合费用

支付利息前利润 = 折旧前利润 − 折旧

税前利润 = 支付利息前利润 − 财务费用

净利润 = 税前利润 − 所得税

资产负债表反映企业当期财务状况，具体包括现金、应收款、在制品、产成品、原材料等流动资产，土地建筑物、机器设备和在建工程等固定资产，长期负债、短期负债、特别贷款、应交税金等负债，以及股东资本、利润留存、年度净利等所有者权益项目。

其中，相关项目填列方法如下：

1）现金根据企业现金结存数填列。

2）应收款根据应收账款余额填列。

3）在制品根据在产的产品成本填列。

4）产成品根据结存在库的完工产品总成本填列。

5）原材料根据结存在库的原材料总成本填列。

6）土地建筑物根据购入的厂房总价值填列。

7）机器设备根据企业拥有的已经建造完成的生产线的总净值填列。

8）在建工程根据企业拥有的在建的生产线的总价值填列。

9）长期负债根据长期借款余额填列。

10）短期负债根据短期借款余额填列。

11）特别贷款根据后台特别贷款总额填列（一般不会遇到）。

12）应交税金根据计算出的应缴纳的所得税金额填列。

13）股东资本根据企业收到的股东注资总额填列。

14）利润留存根据截至上年末企业的利润结存情况填列。

15）年度净利根据本年度利润表中的净利润填列。

（2）投放广告

操作：

该操作在每年年初进行，单击主页面下方操作区中菜单"投放广告"，弹出"投放广告"界面（见图4–30），录入各市场广告费，单击"确认"即可。

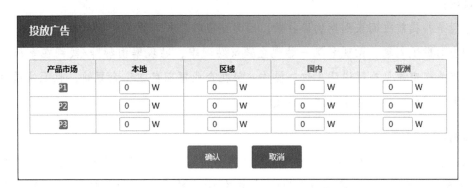

图4–30　"投放广告"界面

说明：

市场开拓完成，相应的市场显示为黑色字体，则可在该市场投放广告。若市场显示为红色字体，则表示该市场尚未开拓完成，不可在该市场投放广告。市场广告的投放要根据市场的竞争激烈程度、企业自身的产能布置、发展战略、竞争对手的广告投放策略等多方面因素综合考虑。广告投放后，就可等待教师/裁判开启订货会，订货会开启的前提是所有小组均完成广告投放。

4. 流程外运营操作

（1）贴现

操作：

此操作随时可进行，单击主页面下方操作区中菜单"贴现"，弹出"贴现"界面（见图 4-31）。弹出界面中显示可以贴现的应收款金额，选好贴现期，在贴现额一列输入要贴现的金额。单击"确认"，系统根据不同贴现期扣除不同贴息，将贴现金额加入现金。

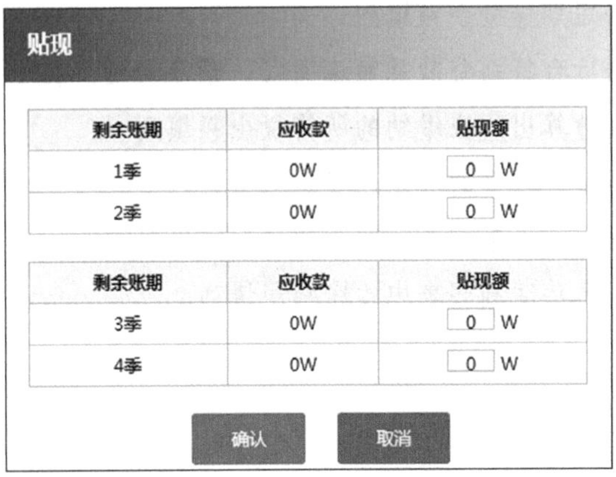

剩余账期	应收款	贴现额
1季	0W	0 W
2季	0W	0 W

剩余账期	应收款	贴现额
3季	0W	0 W
4季	0W	0 W

确认　取消

图 4-31　"贴现"界面

说明：

贴现是指提前收回未到期的应收款，因为该应收款并非正常到期收回，所以贴现时需支付相应的贴现利息。贴现利息 = 贴现金额 × 贴现率，贴现率由教师/裁判在系统参数中设定，相关规定详见规则说明。这一操作一般在企业短期存在现金短缺，且无法通过成本更低的正常贷款取得现金流时才考虑使用。

举例：

假定某企业账期为 1Q 和 2Q 的应收款贴现率为 10%，账期为 3Q 和 4Q 的应收款贴现率为 12.5%，若该企业现将账期为 2Q、金额为 10W 的应收款和账期为 3Q、金额为 20W 的应收款同时贴现，则

贴现利息 = 10W × 10% + 20W × 12.5% = 3.5W ≈ 4W（规则规定贴现利息一律向上取整）

实收金额 = 10W + 20W − 4W = 26W。

贴现后收到的 26W，当即增加企业现金，产生的贴现利息 4W 作为财务费用入账。

（2）紧急采购

操作：

该操作随时可进行，单击主页面下方操作区中菜单"紧急采购"，弹出"紧急采购"界面（见图4-32）。弹出界面显示当前企业的原料、产品的库存数量以及紧急采购价格，在"订购量"一列输入数值，单击"确认采购"即可。

图4-32　"紧急采购"界面

说明：

紧急采购是为了解决材料或产品临时短缺的问题。企业原材料订购不足或产品未能按时生产出来，均可能造成产品订单不能按时交货，从而导致订单违约，失去该订单收入且要支付违约损失。为避免该损失，企业可通过紧急采购少量的短缺原材料或产品，从而满足生产或交货的需要，促使产品订单按时交货，由此取得相应的销售利润。紧急采购价格一般比正常的采购价要高很多，具体由教师/裁判在参数设置中设定。操作时既可以紧急采购原材料，也可以紧急采购库存产品。

（3）出售库存

操作：

该操作随时可进行，单击主页面下方操作区中菜单"出售库存"，弹出"出售库存"界面（见图4-33）。弹出界面显示当前企业的原料、产品的库存数量以及出售价格，在"出售数量"一列输入数值，单击"出售产品"或"出售原料"即可。

图 4-33   "出售库存"界面

说明：

企业一般只有在资金极度短缺时才会考虑出售库存。库存出售一般会在成本的基础上打折销售，出售价由教师/裁判在参数设置中设定。

（4）厂房贴现

操作：

该操作随时可进行，单击主页面下方操作区中菜单"厂房贴现"，弹出"厂房贴现"界面（见图 4-34）。弹出界面中显示可以贴现的厂房信息，选择某类厂房，单击"确认"即可。系统根据每类厂房出售价格贴现，如果有生产线，则扣除该厂房的租金，保证厂房继续经营。

图 4-34   "厂房贴现"界面

说明：

该操作实质上是将厂房卖出（买转租）产生的应收款直接贴现取得现金。它与厂房处理中卖出（买转租）的区别是，"卖出（买转租）"操作时产生的应收款并未直接贴现，而厂房贴现则直接将卖出（买转租）产生的应收款同时贴现。

（5）订单信息

操作：

此操作随时可进行，单击主页面下方操作区中菜单"订单信息"，弹出"订单信息"界面（见图4-35）。弹出界面中显示当前企业所有年份获得的订单，可以查询每条订单的完成时间、状态等信息。

订单编号	市场	产品	数量	总价	状态	得单年份	交货期	账期	ISO	交货时间
S211_06	本地	P1	4	201W	未到期	第2年	4季	1季	-	-
S211_07	本地	P1	4	179W	未到期	第2年	4季	0季	-	-
S211_03	本地	P1	4	208W	未到期	第2年	4季	3季	-	-
S211_05	本地	P1	1	53W	未到期	第2年	4季	3季	-	-
S211_01	本地	P1	4	208W	未到期	第2年	4季	1季	-	-
S211_04	本地	P1	2	96W	未到期	第2年	4季	2季	-	-
S211_10	本地	P1	2	96W	未到期	第2年	4季	2季	-	-

图4-35　"订单信息"界面

说明：

企业随时可单击"订单信息"查阅所取得的订单情况，从而确定生产安排、交货安排等情况。

（6）间谍

操作：

单击主页面下方操作区中菜单"间谍"，弹出"间谍"界面（见图4-36）。单击"确认下载"即可。

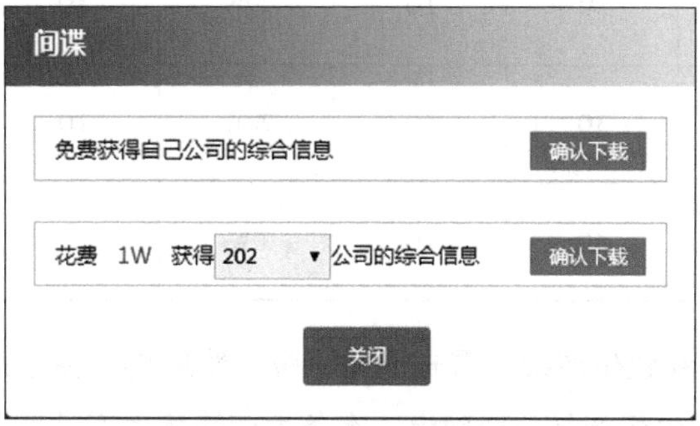

图4-36　"间谍"界面

说明：

"间谍"界面显示获得自己公司信息和其他公司信息两种，可免费获取自己公司信息，以 Excel 形式查阅或保存企业经营数据。若要查看其他公司的信息，则需支付教师/裁判在参数设置中设定的间谍费，才能以 Excel 形式查询其他企业任一组的数据。

注：间谍不得使用第三方下载工具（如迅雷等）下载。

▶ 任务 2   电子沙盘运营规则 ◀

一、电子沙盘运营规则简介

同手工沙盘相比，电子沙盘在企业数量方面更灵活，教师可以根据需要在系统中设置 1~19 支队伍；在规则方面更灵活，有多套运营规则；在市场预测方面更直观，并且有与运营规则相配套的市场预测。本书选取的规则是历次全国大学生企业模拟经营沙盘大赛经常选用的一种竞赛规则。

二、常用的竞赛规则

1. 生产线

同手工沙盘设定的生产线不同，电子沙盘可供企业选择的生产线有超级手工线、租赁线、自动线和柔性线四种，相关信息见表 4-3。

表 4-3   电子沙盘生产线相关信息

生产线	购置费	安装周期	生产周期	总转产费	转产周期	维护费	残值
超级手工线	35W	无	2Q	0W	无	5W/年	5W
租赁线	0W	无	1Q	20W	1Q	65W/年	-65W
自动线	150W	3Q	1Q	20W	1Q	20W/年	30W
柔性线	200W	4Q	1Q	0W	无	20W/年	40W

1）在"系统"中新建生产线，需先选择厂房，然后再选择生产线的类型，特别地要确定生产产品的类型；生产产品一经确定，本条生产线所生产的产品便不能更换，如需更换，须在建成后进行转产处理。

2）每次操作可建一条生产线，同一季度可重复操作多次，直至生产线位置全部铺满。

3）新建生产线一经确认，即刻进入第一期在建，当季便自动扣除现金。

4）不论何时出售生产线，从生产线净值中取出相当于残值的部分计入现金，净值与残值之差计入损失。

5）只有空的并且已经建成的生产线方可转产。

⚠ **注意**：租赁线的维护费与其他生产线的维护费一样，在年末支付，租赁时不需要即时支付。

如：第2年第1季度租赁3条租赁线，第1季度不需要为租赁线支付租金，租金以维护费的方式在第2年年末统一支付。

2. 在建生产线

生产线购买之后，需要进行2期以上投资的均为在建生产线，当需要进行2期以上的投资时，手工操作需按照该生产线安装周期分期投资并安装，如全自动生产线安装操作可按表4-4进行。

表4-4 全自动生产线的安装

操作	投资额	安装
1Q	50W	启动1期安装
2Q	50W	完成1安装，启动2期安装
3Q	50W	完成2安装，启动3期安装
4Q	0W	完成3期安装，生产线建成，可投入使用

投资生产线的支付不一定需要连续，可以在投资过程中中断投资，也可以在中断投资后的任何季度继续投资，但必须按照表4-4的投资原则进行操作。在"系统"中，可以不选择生产线投资，即表示本期不投资。需要特别提示的内容如下：

1）一条生产线待最后一期投资到位后，必须到下一季度才算安装完成，允许投入使用。

2）生产线安装完成后，必须将投资额放在设备价值处，以证明生产线安装完成。

3）各用户之间不允许相互购买生产线。

3. 折旧（平均年限法）

每条生产线单独计提折旧，折旧采用平均年限法，折旧年限为4年。各种生产线完成规定年份的折旧后，该生产线不再计提折旧，剩余的残值可以保留，直到该生产线变卖为止。各类型生产线折旧数额见表4-5。在"系统"中，生产线折旧为年末自动处理。

当年建成生产线不计提折旧。当净值等于残值时，生产线不再计提折旧，但可以继续使用。

表4-5　生产线的折旧　　　　　　　　　　　（单位：W）

生产线	购置费	残值	建成第1年	建成第2年	建成第3年	建成第4年	建成第5年
超级手工线	35	5	0	10	10	10	0
租赁线	0	-65	0	0	0	0	0
自动线	150	30	0	30	30	30	30
柔性线	200	40	0	40	40	40	40

4. 转产或变卖生产线

（1）生产线转产

先选择转产的生产线，然后确定转产的产品，确认处理即可，系统将按相应的转产费用扣除现金，并将该生产线置于转产状态。只有空生产线方可转产。

（2）生产线变卖

不论何时变卖生产线，将变卖的生产线按残值放入现金区，净值与残值之差放入"其他"费用，计入当年"综合费用"中的"损失"。在"系统"中，选择要变卖的生产线，然后单击"确认变卖"。

5. 融资

电子沙盘中的融资额度不同于手工沙盘，贷款时间也有所不同，具体规则见表4-6。

表4-6　融资规则

贷款类型	贷款时间	贷款额度	年息	还款方式
长期贷款	每年年初	所有长贷和短贷之和不能超过上年权益的3倍	10%	年初付息，到期还本 每次贷款为大于10W的正整数
短期贷款	每季度初		5%	到期一次还本付息 每次贷款为大于10W的正整数
资金贴现	任何时间	视应收账款额度	10%（1Q，2Q） 12.5%（3Q，4Q）	变现时贴息。1、2期10W应收账款交1W贴现费，小于10W的均收取1W贴现费；3、4期应收账款按1:7的比例贴现（8W应收账款交1W贴现费，小于8W的也收取1W贴现费）
库存拍卖		原材料八折，成品按成本价		

规则说明：

（1）长期和短期贷款信用额度

长短期贷款的总额度为上年权益总计的 3 倍，长短期贷款必须按大于 10W 的整数申请。

（2）贷款规则

1）长期贷款每年必须归还利息，到期还本，本利双清后，如果还有额度，才允许重新申请贷款。即如果有贷款需要归还，同时还拥有贷款额度，必须先归还到期的贷款，才能申请新贷款。不能以新贷还旧贷（续贷），短期贷款也按本规定执行。

2）结束年时，不要求归还没有到期的各类贷款。

3）长期贷款最多可贷 5 年。

4）所有的贷款不允许提前还款。

5）企业间不允许私自融资，只允许企业向银行贷款，银行不提供高利贷。

6. 厂房

厂房是企业放置生产线的地方，如果厂房已满，则系统不允许购置生产线，具体规则见表 4-7。

表 4-7　厂房购买、租赁和出售规则

名称	买价	租金	售价	容量	
大厂房	400W	40W/年	400W	4 条	厂房出售得到 4 个账期的应收款，紧急情况下可厂房贴现（4Q 贴现），直接得到现金，如厂房中有生产线，同时要扣租金
中厂房	300W	30W/年	300W	3 条	
小厂房	180W	18W/年	180W	2 条	

⚠ **注意：** 厂房最多可以有 4 个，不限制购置或租赁哪种厂房，比如可以租赁 4 个大厂房。

7. 市场准入

在电子沙盘中，本地市场需要企业开发，各市场的开发可以同时进行，可以中途停止开发或使用，也可以继续开发或在以后年份使用。已经获得的市场资格无须交维护费，一经开发，永久使用。市场开发费用及时间见表 4-8。

表 4-8　市场开发费用及时间

市场	开发费用	时间	
本地	10W/年	1 年	开发费用按开发时间在年末平均支付，不允许加速投资
区域	10W/年	1 年	
国内	10W/年	2 年	市场开发完成后，领取相应的市场准入证
亚洲	10W/年	3 年	
国际	10W/年	4 年	

8. 资格认证

随着竞争的加剧，客户对产品的质量以及环保的要求越来越强烈，企业是否具备 ISO9000 质量认证及 ISO14000 环境认证都是影响选单的制约条件。各认证的开发可以同时进行，可以中途停止开发或使用，也可以继续开发或在以后年份使用。国际认证资格无须交维护费，一经开发，永久使用。国际认证投入时间及费用见表 4-9。

表 4-9　国际认证投入时间及费用

认证	ISO9000	ISO14000	
时间	2 年	2 年	平均支付，认证完成后可以领取相应的 ISO 资格证，可中断投资
费用	10W/年	20W/年	

9. 产品

要想生产某种产品，先要获得该产品的生产许可证，而要获得生产许可证，则必须经过产品研发。P1、P2、P3、P4 产品都需要研发后才能获得生产许可。研发需要分期投入研发费用。产品研发规则见表 4-10。

表 4-10　产品研发规则

名称	开发费用	开发周期	加工费	直接成本	产品组成	分值
P1	10W/Q	2Q	10W/个	20W/个	R1	7
P2	10W/Q	3Q	10W/个	30W/个	R2 + R3	8
P3	10W/Q	4Q	10W/个	40W/个	R1 + R3 + R4	9
P4	10W/Q	5Q	10W/个	50W/个	P1 + R1 + R3	10

产品研发可以中断或终止，但不允许超前或集中投入。已投资的研发费用不能回收。如果开发没有完成，则"系统"不允许开工生产。

10. 原材料

采购原材料需经过下原料订单和采购入库两个步骤，这两个步骤之间的时间差称为订单提前期。原材料购买价格及提前期见表 4 – 11。

表 4 – 11　原材料购买价格及提前期

名称	购买价格	提前期	
R1	10W/个	1 季	（1）每季向供应商提供原材料订单的具体品种及数量
R2	10W/个	1 季	（2）在盘面上应摆放相应的空桶，表示拟采购的数量，一个空桶表示 1W 的原料订单
R3	10W/个	2 季	（3）在"系统"中，双击"下原料订单"，并输入各原材料的数量，确定订购即可
R4	10W/个	2 季	

1）没有下订单的原材料不能采购入库。

2）所有下订单的原材料到期必须采购入库。

3）原材料采购入库时必须支付现金。

4）"系统"中每季只能操作一次。

11. 选单规则

（1）市场预测

各公司可以根据市场预测安排经营。

（2）广告费

投入广告费有两个作用：①获得拿取订单的机会；②判断选单顺序。投入 10W 产品广告费，可以获得一次拿取订单的机会（如果不投产品广告就没有选单机会），一次机会允许取得一张订单；如果要获得更多的拿取订单的机会，每增加一个机会需要多投入 20W 产品广告费，比如，投入 30W 产品广告费表示有两次获得订单的机会，投入 50W 产品广告费则表示有三次获得订单的机会，以此类推，广告费投入可以是大于 10W 的任意正整数，如 13W、37W 等。

1）无须对 ISO 单独投放广告，系统自动判定公司是否有 ISO 资格，确认其能否选有 ISO 要求的订单。

2）市场老大有优先选单权（如果若干队销售并列第一，则市场老大随机或可能无市场老大），其次以本市场本产品广告额投放大小顺序依次选单；如果两队本市场本产品广告额相同，则看本市场广告投放总额；如果本市场广告总额也相同，则看上年市场销售排名；如仍无法决定，则先投广告者先选单。

12. 订单

客户的需求以订单的形式表示，订单上标注了订单编号、总价、单价、数量、交货期、账期及 ISO 资格认证的要求（见图 4 – 37）。如果订单需要 ISO 资格认证，则在订单中会出现 9 或 14 标识，反之，在 ISO 位置则不会出现 9 或 14 标识。单击"选中"，则会弹出"提示"界面。

图 4-37　"订单"界面

13.取整规则

1）违约金扣除——向下取整。

2）库存拍卖所得现金——向下取整。

3）贴现费用——向上取整。

4）扣税——向下取整。

14.费用项目

（1）税金

只计算所得税，交税的标准为：弥补完以前年度的亏损总和后，再按盈余利润的25%提取税金。

（2）特殊费用

库存折价拍卖、生产线变卖、紧急采购、订单违约、增减资（增资计损失为负）操作计入其他损失。

15.罚分

（1）运行超时扣分

运行超时有两种情况：①不能在规定时间内完成广告投放；②不能在规定时间内完成当年经营（以单击系统中"当年结束"按钮并确认为准）。

处罚：按1分/分钟（含1分钟内）计算罚分，最多不能超过10分钟。

（2）报表错误扣分

必须按指导教师的规定时间上交报表，且必须账实相符，如果上交的报表与创业者自动生成的报表对照有误，则在总得分中扣罚2分/次，并以创业者提供的报表为准。

⚠️ **注意**：必须对上交报表时间做规定，延误交报表即视为错误一次。由运营超时引发延误交报表视同报表错误并扣分。

16. 竞赛排名

在各组完成预先规定的经营年限后，系统将根据各队的最后分数进行评分，分数高者为优胜。

$$总成绩 = 所有者权益 \times \left(1 + \frac{企业综合发展潜力}{100}\right) - 罚分$$

企业综合发展潜力见表 4-12。

表 4-12　企业综合发展潜力

项目	综合发展潜力系数
手工线	+5/条
半自动线	+7/条
全自动性/柔性线	+10/条
区域市场开发	+10
国内市场开发	+10
亚洲市场开发	+10
国际市场开发	+10
ISO9000	+10
ISO14000	+10
P1 产品开发	+10
P2 产品开发	+10
P3 产品开发	+10
P4 产品开发	+10

17. 破产处理

当参赛队权益为负或现金断流时（权益和现金可以为零），企业破产。参赛队破产后，由裁判视情况适当增资后继续经营。破产队不参加有效排名。为了确保破产队不致过多影响比赛的正常进行，限制破产队每年投入的广告费不能超过 60W。

18. 其他说明

企业模拟经营中，各企业之间不允许进行任何交易，包括现金及应收款的流通、原材料、产成品的买卖等。

▶ 任务 3　新商战之实战篇 ◀

新商战是全国大学生企业模拟经营大赛常用的软件。每次大赛的运营规则都有所改变，变化较大的主要有以下几个方面：

1）初始资金。不同场次国赛、不同地区省赛，初始资金不同，基本在 550W ~ 650W。

2）生产线。①超级手工线每次都有，购置金额在 25W ~ 55W，购置金额对企业的生产线购置计划有重大影响。②租赁线有时有转产费与停产期要求，有时没有，有无转产费对企业能否做出正确的生产线购置计划有重大影响。③维护费在 55W ~ 85W。

3）产品构成。最主要的是 P4 产品，其产品构成有时是 R2 + R3 + 2R4 + 人工费，有时是 1P1 + R1 + R4 + 人工费。对于 P4 产品构成，最重要的是，是否有 P1 作为原材料。

4）市场预测。要重点分析市场预测的影响，市场预测直接决定了企业比赛的成败。

下面采用项目四任务 2 的企业运营规则进行实战剖析。假设有 10 个企业，初始资金为 600W，市场预测见表 4-13 ~ 表 4-17。

表 4-13　本地市场产品均价　　　　　　　　　　　（单位：W）

年份	P1	P2	P3	P4
第 1 年	4.86	0	0	0
第 2 年	4.64	6.2	8	0
第 3 年	4.78	7.94	7.5	0
第 4 年	4.36	8.15	8	0
第 5 年	4.1	7.08	8.5	9.25
第 6 年	3.53	6.16	9	9.7

表 4-14　区域市场产品均价　　　　　　　　　　　（单位：W）

年份	P1	P2	P3	P4
第 1 年	4.89	6.29	0	0
第 2 年	4.71	6.6	0	0
第 3 年	4.33	7.77	8	0
第 4 年	4.86	7.35	7.8	8.8
第 5 年	4.75	6.23	8.77	9.29
第 6 年	4.5	7.23	8.93	10

表 4-15　国内市场产品均价　　　　　　　　　　　（单位：W）

年份	P1	P2	P3	P4
第 1 年	0	0	0	0
第 2 年	4.92	7.89	8	0
第 3 年	4.94	8.13	8.14	0
第 4 年	4.19	7.95	8.57	0
第 5 年	3.88	6.94	8.53	9.75
第 6 年	3.64	5.73	9.18	10.29

表 4-16　亚洲市场产品均价　　　　　　　　　　　（单位：W）

年份	P1	P2	P3	P4
第 1 年	0	0	0	0
第 2 年	0	0	0	0
第 3 年	4.5	7	7.67	0
第 4 年	4	6.9	8.36	0
第 5 年	3.73	6.39	8.6	10
第 6 年	3.08	6.47	10	10.67

表 4-17　国际市场产品均价　　　　　　　　　　　（单位：W）

年份	P1	P2	P3	P4
第 1 年	0	0	0	0
第 2 年	0	0	0	0
第 3 年	0	0	0	0
第 4 年	5.52	6.86	0	0
第 5 年	5.35	6.89	0	0
第 6 年	5.95	6.75	8.63	0

一、市场分析

由表 4-13~表 4-17 可以得出以下结论：

1. 国际市场第 1 年不开拓

从第 1 年到第 6 年在国际市场上，没有任何产品有需求，国际市场的作用只是开拓之后，可以在综合发展潜力时加 10 分，没有其他作用，而该市场的开拓却需要连续 4 年，每年都需要投资 10W 进行开拓，而每年投 10W，在不考虑企业所得税的情况下，将导致企业所有者权益每年减少 10W，不仅如此，还会导致企业融资减少 30W，每年 30W 的融资额对创业初期来说，影响极大，带来的收益不止发展潜力加 10 分如此简单。因此，开拓国际市场得不偿失。

2. 其他四个市场必须开拓

（1）市场少，压缩了企业选择的空间

共有五个市场，分别是本地市场、区域市场、国内市场、亚洲市场、国际市场，企业只有在这五个市场上投放广告才能获得订单，去掉国际市场，仅有四个市场可供投放广告，第 2 年只有本地市场与区域市场，虽然第 3 年增加一个国内市场、第 4 年增加一个亚洲市场，但是目前有 10 家企业，每家企业都会随着时间的推移不断增加产能，市场竞争必然会非常激烈，任何一家企业想要在一个市场上拿到足够的订单都是不现实的。如果企业想要夺得前 3 名，必须多销售产品，多上生产线，订单是根据企业的多少来确定的，基本上很少有产品在某个市场上设置超过 10 组的订单，如果这个产品竞争过于激烈，不仅没有回单机会，甚至有可能拿不到订单。

（2）产品选择余地小，导致市场更加可贵

P4 产品生产过于困难，而其价格并没有与其成本相匹配；P1 产品毛利过低，不少企业可能会放弃 P1，实际上，多数企业基本上是用 P2、P3 两个产品作为主要的竞争产品，市场竞争的激烈程度不言而喻，所以每一个市场都是很重要的，是必须争夺的。

3. 产品策略

（1）竞标

所谓竞标，在订货会之后，系统通过竞标的方式发放订单，系统给出订单产品的数量，至于产品总价、单价、交货期、应收账款期限由投标企业自己填写，价格在 0～成本价的 3 倍之间。竞标原则是：价低者得；价格相同时，交货期少者得；价格相同、交货期一样时，看账期，账期长者得。

例如：系统给出一张 P3 产品数量为 4 的竞单，没有企业参与竞争，则本企业可以填写该订单总价 480W，交货期 4Q，账期 0，这一张 4 个 P3 产品的订单，去掉产品成本，毛利达 360W，而且交货即得现金，这有利于缓解企业资金的压力。

（2）P4 产品策略

P4 产品从研发成本及时间上看，需要经过 5 个季度的研发，每个季度需支付 10W 的研发费，共 50W，才可以获得 P4 生产资格，研发时间长，研发成本高。从产品构成看，P4 由 1P1 + 1R1 + 1R3 + 10W 人工构成，产品直接成本 50W，如果只是成本 50W，问题不大，关键是涉及用 P1 做原材料，则必须首先要有 P1 生产资格，还要有 P1 生产线，相当于生产 1 个 P4 需要两条生产线才能完成。由市场预测可知，正常情况下，一个 P4 的毛利最高在 75W 左右，而一个 P2 或 P3 在很差的市场中最低毛利也在 35W 左右，而通常情况下，基本是维持在 40W 左右。简而言之，是否生产 P4 主要取决于一个 P4 产品的毛利能否超过一个 P2 加一个 P3 的毛利，若超过，则生产 P4；若不能超过，则要慎重考虑生产 P4。当市场竞争非常激烈，仅仅依靠生产 P1、P2、P3 产品已经无法取得足够的订单时，无论一个 P4 产品的毛利是否超过一个 P2 加一个 P3 的毛利，都要生产 P4，只有生产 P4，才能使企业的产能得到充分释放，获得最大收益。生产 P4 要注意以下两个方面：

1）由于 P4 产品的研发成本、生产成本都高，企业在进行 P4 产品生产线购置规划时，必须要对 P4 生产线建成之后连续 2 年的情况做现金预算，否则会导致企业现金断流，即使现金不断流，也会使财务举步维艰。

2）是否有竞标会。竞标会一般出现在第 3 年及第 6 年，按照上述竞标会的规则，一张 4 个 P4 产品的竞单，如果没有其他企业竞标，竞标企业可以填写总额 600W、0 账期、交货期为 4 的竞单。一张 4 个 P4 产品的竞单可以获得 400W 毛利，交货时可直接获得 600W 现金，这种暴利的订单到手，其他企业与之竞争会非常困难，故有竞标会的情况下，可以考虑提前研发成功 P4 产品。即使拿不到 P4 的竞单，也可以尽可能阻止对手以超高价获得暴利竞单，减少企业的竞争压力。如果获得了 P4 的竞单，可以采用租赁线的方式加以生产，前提是企业现金要充裕并且提前预订好原材料。获得竞单后，如果没有 P1 原材料，可以通过紧急采购的方式取得 P1。故有竞标会的情况下，要求企业一要提前研发完成 P4；二要提前预订好生产 P4 的原材料；三要财务预先准备好应急融资预案，以备紧急采购 P1 及生产 P4 的人工费。

（3）P1、P2 及其衍化策略

P1、P2 策略一般适合于初学者，其优势是研发费用较低，仅为 50W，能有效地控制综合费用，尤其是在大多采用 P3、P4 产品策略时，P1 产品市场竞争小，能够获得足够的订单，越是经营到后期，P1 市场越宽松，用较少的广告费就可以选到足够的订单，该策略运用得当，在第 3 年基本上可以迅速扩大产能，如果要走迅速扩张、以产能来挤压竞争对手的生存空间，该策略无疑是最优的。劣势是 P1 产品的均价太低，产品毛利过低，而后期 P2 产品价格下降较大，很容易被超越。下面分两种情况进行讨论。

一种情况是有超级手工线，并且手工线购置成本在 25W~35W 这个区间时，先 P1 再 P2；在产能得以扩大的同时，研发 P3、放弃 P1，转化成以 P2、P3 为主的产品策略；在 P2 产品价格开始下降时，提前研发 P4，变成以 P3、P4 为主，以 P2 为辅；第 6 年，由于有个别市场 P1 产品价格收益极大，可以考虑在此市场选择 P1 产品订单，尤其是 P4 以 P1 产品为原材料的情况下，P1、P2 开局，可以寻机生产 P4。

另一种情况是超级手工线购置价格高，没有竞标会。这种情况可以考虑前期放弃 P1，在最后阶段生产 P1，以 P2、P3 开局，视情况决定是否研发 P4。P2、P3 这种策略攻守兼备，是任何比赛中的主打策略。这两种产品的收益都很理想，虽然经营到后期，P2、P3

产品价格下降，但是在一定时期内，其产品毛利非常丰厚，有利于企业的快速扩张，缺点是 P2、P3 毛利高，市场竞争激烈，获得订单难度大，需要投放的广告费较高，有可能得不到足够的订单，导致产能过剩。

（4）单一产品策略

单一产品策略一般只能在 P2、P3、P4 之中选取一种产品进行生产，这种策略的优点是成本可控，订购原材料非常简单，利润比较高；缺点是由于这三种产品的毛利高，市场竞争必然激烈，缺少回单机会，市场订单不足，企业产能不扩张就没有竞争力，产能快速扩张则会使产品过剩，尤其是在全国大赛的赛场上，来的都是高手，没有人会放弃高收益市场，故采取单一产品策略很难独占鳌头，想打进全国大赛的前五名不太可能。

二、广告策略

（一）市场老大的优势

通常比赛中市场领导者被称为市场老大。市场领导者的地位非常重要，处于市场领导者地位有以下优势：

1）节约广告费。市场领导者优先选单，用少量的广告费就能在本市场获得比其他企业更多的销售量。

2）市场领导者可以实现一定数量的销售。市场领导者可以实现投放广告的产品在本市场上拿到订单，甚至是好的订单。

3）市场领导者有机会选到自己最想要的、最理想的订单。

4）抢占一个市场领导者地位远比保住一个市场领导者地位困难，因此，市场领导者一般能够持续，其好处也就自然得以持续。

要抢占一个市场领导者地位，就要在投放广告时将自己所拥有的产品全部进行推广宣传，比如要抢占国内市场的市场领导者，自己有 P1、P3、P4 三种产品，应在这三种产品上都投放广告，且尽可能地多抢大额订单，使自己的所有产品在该市场上的销售总额最大。

抢占市场领导者地位可以通过两种方式：一种是通过多投放广告优先选单，企业可以选择销售额比较大的订单，从而实现市场领导者的地位；另一种是通过新产品抢先投放市场。每一个企业都需要研发新产品，但每一个企业的研发时间却大不相同，企业如果能够在其他企业之前研发出新产品并生产销售，由于新产品只有少数厂家生产并销售，则可以用少量的广告费拿到较大销售额的订单，多了一种新产品的销售额，就更容易得到市场领导者的地位。当然，这两种方式都需要有产能的保证，也需要有好的广告策略。

（二）抢占市场老大

市场老大是一把双刃剑，用得好了，威力无穷；用得不好，很可能会"赔了夫人又折兵"。因此，到底要不要抢占市场老大，以多少广告费抢占市场老大，以什么样的产品组合抢占市场老大，不经过严密的计算，不能妄下结论。

各企业经营过程中，随着对市场的逐步拓展和产品种类的丰富，由市场预测可知产品需求量在后两年会大幅增加。因此，市场老大的真正价值在于前 4 年的市场选单。如果第 1 年以 110W 广告费抢到市场老大，后期每年投 20W 在这个市场拿到两种产品的订单，那么 3 年来，在这个市场共投入 150W 的广告费，平均每年在这个市场的广告费为 50W。如果将这 50W 的广告费分散投放在不同的产品市场，获得的订单是否会优于抢占市场老大的情况？实践证明，如果在大家产能都比较小、市场竞争不激烈的情况下，50W 完全可以很顺利地将产品销售完，相反，在大家产能都很高、竞争非常激烈的情况下，市场老大的优势才会逐渐被体现出来。

市场老大比较的是整个市场的总销售额，而非一个产品单一的销售量。这就要求我们在抢占市场老大时，不应只考虑"蛮力"猛砸广告费，而应更多地考虑利用"巧劲"，靠合理的产品组合来抢占市场老大。因此，第 1 年不必一味地猛砸广告费去抢占市场老大，只要策略运用得当，完全可以在后面抢占市场老大。

（三）合理投放广告

常见的 ERP 指导书上是通过指标来检验广告的收益效果，即广告盈亏平衡点及广告投入产出比，这也是常用的手段。

合理的广告投放策略是：

1）根据企业数量、特定市场选单次数，确定企业是否有回单机会。

2）根据企业的产能，需要确定在几个市场拿到订单，每个市场各需拿多少订单。

3）根据"间谍"，判断竞争对手有几条生产线，总产能是多少，其广告策略是激进型还是稳健型。

4）将市场上的订单按照从大到小的顺序排列，估算出自己所投不同广告费获得的订单，按谨慎性原则，将企业理想订单按次一级目标订单考虑，在这种情况下确定广告费投入。

5）市场老大不强求，按照企业实际产能、发展战略采取稳健投放广告策略，市场老大可能"不请自来"。

（四）巧用订货会信息

新商战选单的特点是：同时有两个市场一起选单，常常有企业抱怨选单的时间短，尤其是在同一时间，企业同时在两个不同的市场上进行选单，每个市场选单的时间只有 40 ~ 45 秒，企业在一个市场还没有确定好选哪个订单，结果两个市场同时错过了选单机会，尤其是在两个市场上都第一个选单，更加剧了选单的困难。为了解决这个问题，要学会利用订货会的信息。

1）团队配合。企业团队成员必须分工合作，一个成员专门负责拍照，订货会一开始，这个成员就快速对不同市场的订单情况、各企业选单排名情况、各企业广告费投放情况等用拍照的方式快速记录，然后发送给其他成员，或者是分配好由哪个成员负责哪个产品、哪个市场的判断。一个成员对订单进行排序，因为系统中给出的订单是可以通过价格排序按钮进行排序的，通过排序，可以快速判断轮到自己企业选单时，理想的订单可能有哪几个，确定好优先选择的订单。在大赛的赛场上，如果不允许拍照怎么办？提前制定好简易的广告投放表，安排好记录人员，只记录几张重要的订单情况，挑选订单上的关键信息记录，能记多少算多少。

2）订货会结束后，一个成员专门用于分析其他企业广告的情况、选单的情况，从中可以判断出其他企业广告投放的策略、不同产品的产能情况，产能情况有时会有出入，这主要是有些企业广告投放过于保守，导致订单没有满足其产能要求，从而导致产品库存积压，而排在自身企业前面选单的，其产能情况相对判断较准确，这为企业在以后年度的广告投放、产品研发策略提供了有力参考。

3）最重要的是，能够判断出企业是否能够取得满足产能的订单，因为只有企业获得足够的订单，企业才能实现零库存，才有可能进一步扩大在此产品上的产能。

4）充分利用其他企业选单时留下的空闲时间，在这段空闲时间里，负责记录的成员抓紧时间记录，负责排序的成员进行排序，然后分析企业是否还有选单机会，可能余下的订单有哪几张，最可能留给企业的是哪张订单。由一个成员认真观察其他企业选单情况，分析其为何如此选单，通过比较分析，可以判断自身企业投放广告策略是否合理、产品竞争的激烈程度、产品研发策略是否需要修正。

三、第 1 年开局策略

第 1 年开局策略的成功与否直接关系到企业最终的成败得失，第 1 年要从以下几个方面入手破局：

（一）生产线分析

在项目四任务 2 的运营规则情况下，生产线共有 4 种，分别是超级手工线、自动线、柔性线、租赁线。这 4 种生产线的优缺点在任务 2 中已经讲述，在这种规则下，在全国大赛中取得优异成绩的开局有 3 种，分别是：①第 1 年第 3 季度建 8 条手工线，用以生产

P1，称为手工线策略；②第 1 年只做最基础的工作，不租厂房，不建生产线，第 2 年根据订单全部采用租赁线，称为租赁线策略；③第 1 年建 4 条柔性线，分别用来生产 P2、P3，称为柔性线策略。这 3 种策略各有优缺点，下面逐一分析。

1. 手工线策略

手工线，购置成本 35W，无安装周期、无转产费、无转产期、产品的生产周期为 2 个季度，一条手工线一年最多可以下线 2 个产品，两条手工线一年可以下线 4 个产品。

一条全自动线，购置成本 150W，需要 3 个季度的安装周期，有转产费、转产周期，产品生产周期为 1 个季度，1 年可生产 4 个产品。

由此可知，两条手工线的产能与一条全自动线相当，而购置成本只是全自动线的一半，大幅节约生产线的购置成本，同时，手工线比全自动线灵活性强，可以随意转产。在企业创业的前期，利用手工线比全自动线优势更加明显。缺点是：占用厂房空间大，当市场逐步放开，市场需求不断扩大，这时手工线产能低的特点也越来越明显，迫使企业必须更换手工线，用更先进的全自动线或柔性线代替，以保证企业对扩大产能的需求。同时，手工线原材料订购比较麻烦，体现在要为手工线生产不同产品订购不同的原材料，容易出错，对资金的需求比较集中，交货比较集中，导致企业不能及时回收货款，财务压力比较大，但是一旦交货就是集中交货，会导致企业应收账款或现金集中增加。

8 条手工线开局，理论上，所需资金相当于建 2 条全自动线，但是，在第 1 年就要投产，需要支付原材料费、2 个厂房的租金、生产线的维护费，从第 2 年开始就要对手工线进行计提折旧，支付的这些费用，8 条手工线在第 2 年可以下线 16 个产品，更可贵的是，第 2 年第 1 季度就可下线 8 个产品，然后可以转产任何开发完成的高利润产品，这有助于企业获得市场老大的地位，故通过计算是划算的。

2. 租赁线策略

这种策略的优点是第 1 年不需要租房、不需要建线、不需要贷款，看越来很完美，只需要研发两种产品，然后在各个市场上投放合理数量的广告，为什么是合理数量广告？因为广告费投得再多，市场订单是固定的，不会因企业投放的广告费而改变，则企业投入过高的广告费，但是没有回单机会，或者有回单机会，但只是 1 个或 2 个产品这样的订单，与广告费的投入不相当，徒劳无功。所以只能投合理的广告费，保证与目标订单的取得相配合即可。

一条租赁线没有购置费，有转产周期，有转产费，维护费是 65W，生产周期为 1 个季度。与全自动线相比，两条租赁线的维护费与一条全自动线的购置费相当。一条全自动线，按有折旧算，其每年的折旧费是 30W，维护费是 20W，购置价格 150W，一年的利息是 15W，实际上一条全自动线的使用成本 1 年下来是 65W，基本与租赁线相同，但租赁线不需要安装周期，不需要一次性支付 150W 的购置款，同全自动线相比，更容易节约资金的占用，这也是不少企业第 1 年开局采用租赁线的原因。

有参加全国大赛的同学测算过，经营到第 6 年结束，企业最多有多少条租赁线比较合适？答案是 7~8 条比较好，再多就出现边际效益递减。为什么会出现边际效益递减呢？因为全自动线在建成的第 1 年不需要计提折旧费，这是租赁线没有的优势；同柔性线相比，虽然从成本上看，柔性线成本要略高于租赁线，但是柔性线比租赁线更灵活，没有转产周期，没有转产费，在建成的第 1 年同样不需要计提折旧，这些都是租赁线没有的优势。

综上所述，在租赁线维护费低于 65W 的情况下，以租赁线开局，没有问题，问题是随着企业的发展，仍然要以建全自动线或柔性线为主流，租赁线只能适度持有，不能过度依赖。

⚠ **注意**：P1 产品不适用于用租赁线生产，成本过高，转产时成本太高，劳而无获。

3. 柔性线策略

柔性线优点极其明显，灵活性强，生产效率高，无转产周期，无转产费用。但是其缺点也很明显，购置成本过高，安装周期长，对企业财务预算能力目标高，对企业采购计划的安排要求高，容易造成原材料库存积压，对生产计划要求高。简而言之，采用 4 条柔性线开局，对各方面都是高要求，任何一个环节出了问题，就是满盘皆输的局面，难以改变，尤其是对财务的筹资能力更是严格要求。

在超级手工线购置费高于 35W、租赁线维护费高于 65W 的情况下，4 条柔性线开局非常有利，但当超级手工线的购置费低于 35W、租赁线的维护费低于 65W 的情况下，4 条柔性线开局，并不一定会比 8 条手工线或者全用租赁线开局好。验证方式是：在这三种方式都得到相同订单、相同广告费支出、相同的市场、相同的融资方式情况下，比较这一年的利润，为什么比较利润而不是比较收益？因为租赁线与手工线同柔性线的成本不一样，只能比较利润才能看出最终结果。

（二）产能扩张分析

第 1 年运营完毕，进入第 2 年之后，这时才是考验企业产能扩张的能力，盲目扩张的结果就是退出竞争，经营失败。

1. 手工线策略开局

第 1 年需要支付 8 条生产线的维护费 5W × 8 = 40W，房租 80W，P1、P2 的研发费 50W，市场开拓费 40W，ISO 认证费 30W，管理费 40W，购置 8 条手工线的购置费 35W ×

8 = 280W，生产 8 个 P1 产品需要 160W 的人工及材料费，共需资金 40W + 80W + 50W + 40W + 30W + 40W + 280W + 160W = 720W，企业自有资金 600W，出现资金缺口 120W，还要准备为第 2 年投放广告的资金，不少于 120W，故企业需要筹集资金 240W ~ 300W。

第 1 年的利润是 - 280W，即企业所有者权益为 320W，企业第 1 年需贷款 300W，则第 2 年最多可以贷款 960W - 300W = 660W。

第 2 年第 1 季度需要支付原材料采购货 160W，加工产品需人工费 80W，管理费 10W，可交货 8 个 P1 产品，假如得到 400W、2Q 的应收账款，一季度后还余 470W 可贷款资金；第 2 季度需支付厂房租金 80W，管理费 10W，支付完成之后，尚有 380W 可贷款资金，如果建设 4 条全自动 P2 生产线，则需支付厂房租金 40W，200W 的生产线购置费，还有 140W 可贷款资金额度；第 3 季度需要支付原材料采购货款 160W，生产产品人工费 80W，200W 的生产线购置费，短贷 140W 之后，还有 300W 的资金缺口，只能将本季度即将到期的 400W 应收账款贴现，贴现 350W，需付出 35W 贴息，可得现金 315W，管理费 10W，收回 50W 的应收账款，有现金 55W，可交货 8 个 P2，取得 550W、账期为 4 的应收账款；第 4 季度需先偿还第 1 年第 4 季度短贷 300W 及利息 15W，此时只有拿出 370W 应收账款进行贴现，支付贴息 46.25W，可得现金 324W，偿还完短期贷款的本金及利息之后，再贷回 300W，此时有现金 300W + 55W + 9W = 364W，支付管理费 10W，生产线建设费 200W，市场开拓费 20W、维护费 40W，ISO 认证费 30W，余现金 64W 及应收账款 550W - 370W = 180W。

计算第 3 年的产能，8 条手工线可以生产 16 个 P2，4 条全自动线可生产 12 个 P2，一共需销售 28 个 P2，有 3 个市场可投放广告，每个市场至少要得到 7 个以上的产品，需要大量的广告费，只能将 180W 的应收账款贴现，加上现金 64W 全部用于投放第 3 年的广告。则第 3 年年初需要支付材料采购货款 240W，产品加工费 120W，全部需要依赖贷款，关键是企业是否有贷款能力。这要视第 2 年企业的所有者权益是多少而定。

第 2 年总收入为 400W + 550W = 950W，直接成本为 8W × 20 + 8W × 30 = 400W，毛利 550W；综合费用为广告费 120W + 管理费 40W + 维护费 40W + 房租 120W + 市场开拓 20W + ISO 认证 30W = 370W，折旧前利润为 550W - 370W = 180W，折旧费 40W，支付财务费用之前的利润为 180W - 40W = 140W，利息 15W + 贴息 46W + 35W = 96W，税前利润 = 140W - 96W = 44W。第 3 年可贷款金额为 44W × 3 = 132W，由此可以看出，不管第 3 年企业能得多少订单，都没有任何意义，因为第 3 年第 1 季度就要支付 240W 的原材料款项，企业贷款额度只有 132W，贷款不够支付第 1 季度原材料货款，企业到此破产。

简化来看：企业 8 条手工线开局证明是不错的，在贴息达 81W 的情况下，企业依然还有 44W 的利润增加，如果企业不建线、不贴息，那么企业第 2 年将会有 44W + 40W + 81W = 165W 的利润增加，可以使企业所有者权益增加 165W，对第 3 年来说，可以增加贷

款额 $3 \times 165W = 495W$。

企业破产的根源在于企业盲目扩大产能，财务预算没有考虑到第 3 年年初企业资金是否会断流，如果少建 1 条全自动线，可以不可以？答案依然是否定的。少建 2 条全自动线，企业可以进行验算。

综上所述，8 条手工线开局，第 2 年建线要谨慎，2 条全自动线较安全，3 条恐"翻车"，不管加几条，必须考虑第 3 年。

2. 租赁线策略开局

采用租赁线策略开局，一般情况是在第 1 年研发完成 P2、P3，值得注意的是，必须提前为 P2、P3 预订原材料，同时生产 P2、P3，因为租赁线有转产费用，转产需要停产，所以转产成本高。

第 1 年比较轻松，综合费用主要有管理费 40W、研发费 70W、市场开拓费 40W、ISO 认证费 30W，合计 180W，则第 1 年所有者权益为 420W，余现金 420W。

第 2 年广告费共投入 180W，目的是尽可能地抢夺 P2、P3 产品的订单，能拿多少拿多少。假如 P2、P3 各得 12 个产品的订单，则第 2 年第 1 季度租赁大厂房 2 个，支付租金 80W，租赁 8 条租赁线，其中 4 条用于生产 P2，4 条用于生产 P3。

第 2 年年初有 420W 现金，当年可贷款额为 $420W \times 3 = 1260W$，去掉年初广告费 180W，还有现金 240W，每个季度需要支付原材料费 200W、人工费 80W、管理费 10W，即第 1 季度需要资金为 $200W + 80W + 10W + 80W = 370W$，第 2 季度需要资金为 $200W + 80W + 10W = 290W$，第 3 季度需要资金为 290W，第 4 季度需要资金为维护费 $8W \times 65 = 520W$、市场开拓 30W、ISO 认证 30W、管理费 10、人工及材料 280W，合计 870W。粗略计算，现金加上贷款是可以满足企业资金需求的。

企业第 2 年拿到 24 个产品的订单，按平均单价 75W 计算，销售收入 1800W，直接成本 840W，毛利 960W，第 2 年综合费用为广告费 180W + 房租 80W + 市场开拓 20W + ISO 认证费 30W + 维护费 520W + 管理费 40W = 870W，则第 2 年税前利润为 $960W - 870W = 90W$，所有者权益为 510W。这样的操作有点理想化，因为企业在很大程度上不会拿到如此好的订单，如果是 23 个产品的订单，就要积压一个产品，企业所有者权益要减少。

第 2 年企业是否可以投资建设 2 条全自动生产线？根据实战经验，不建议建线，现在有 8 条租赁线，这 8 条租赁线在第 3 年可以下线 32 个产品，相比其他企业，产能足够，虽然生产成本较高，但是不影响企业的发展，将发展的潜能留在第 3 年比较理想。

租赁线开局，有很强的不确定性，决定性因素主要有：①订单的多少；②生产线是否出现产能过剩情况；③订单均价的高低。这些因素直接决定了企业所有者权益的高低。

3. 柔性线策略开局

这种策略对筹资策略、采购技巧、生产计划的制订、交货策略、广告策略都是高要求的。

（1）第1年对融资策略的考验

第1年年初有现金600W，所有者权益600W，可贷款额度1800W。

第1年总共需要的资金为管理费40W＋厂房租金40W＋市场开拓40W＋产品研发70W＋建线800W＋ISO认证费30W＝1020W。

第1年综合费用220W，年末时所有者权益380W。需要提前准备好第2年年初广告的费用140W，即第1年有资金缺口1020W＋140W－600W＝560W。

融资策略：以短贷为主，充分利用四舍五入的利息规则。第3季度、第4季度各自短期贷款288W，短期贷款总额576W，可以满足企业资金需求。

（2）第1年对采购与生产策略的考验

因为是柔性生产线，灵活性强，安排生产时，优先安排价格高的产品先生产。分析P2、P3两种产品的构成，发现二者都有R3原材料，区别是P2有R2、P3有R1及R4，因此在安排采购计划时，于第1年第3季度只安排订购4个R3＋4个R4原材料，第4季度安排4R1＋4R3＋2R4。理由是，第2年企业预先设想P2、P3产品的销售量各自为6，如果有出入，在第2年第1季度采购原材料时进行调整，可以实现企业对原材料的控制，也给了营销总监一定的灵活度。更为重要的是，价格高的产品先生产，有利于企业资金快速回流，缓解企业资金压力，有利于减少企业财务成本。

（3）修改方案的能力

既然确定第2年第1季度优先生产P3，为什么要在第1年就研发完成P2？是否可以在第1年只研发2个季度P2，在第2年第1季度研发1个季度的P2，好处是第1年的所有者权益会增加10W，第2年可贷款资金增加30W。

（4）广告投放策略

广告投放策略要依据竞争对手的情况、市场竞争的激烈程度、市场预测中给出的平均需求量，这个平均需求量指的是产品需求总量除以企业家数，如果这个平均需求总量超过企业产能，则说明企业能够获得足够的订单，并且市场比较宽松。这时，广告投放策略应稳健，不宜激进。原则是，不求第一个选单，中上选单即可，但不能过低，4条柔性线最怕的就是订单不足，产能过剩，一旦出现产能积压3个以上的产品，企业会变得非常危险，很难东山再起，所以，广告策略极其重要，直接关系到企业的生死存亡，必须要慎之又慎。例如，企业计划在本地市场投广告费30W，是否可以尝试投32W，即加个尾数，这样在别人投30W的情况下，企业有可能就获得了先机。

（5）选单策略

参加国赛的选手一般不会犯这样的错误，对初学者来说，选单时，根本不看其他单，即使看了，也没有考虑如何选单对企业最有利。例如：3个P2产品的订单，单价是63W，总价是190W，另一张订单是2个P2，单价是75W，总价是150W，这两张订单选哪一个？

有的企业直接挑产品最多的，选了 3 个 P2 产品的订单。比较一下这两张订单，2 个 P2，总价 150W 的订单，获利是 90W；3 个 P2，总价 190W 的订单，获利是 100W，二者只相差 10W，但是总价 150W 订单，可以使企业库存 1 个 P2 产品，这个 P2 产品的直接成本是 30W，相当于企业付出了 10W 的代价，取得了价值 30W 的产品，孰优孰劣，一目了然。

企业在选单时，一定要先计算清楚自己的产能，订货会开始，要确定企业是否有回单机会，确定企业可能选的订单分别是什么，对订单进行排序，当然是价格优先，但是价格高的往往订单产品数量少，这时要优先考虑大单。只有在相差不大的情况下，而且企业订单基本上满负荷了，在积压 1 个、2 个产品对企业不会产生太大影响的情况下，才优先考虑价格。

⚠ **注意**：第 2 年选单，如果企业生产线不多，并且各个市场企业都有获得订单机会，此时要着重考虑价格，如果企业生产线多，发现市场没有回单机会，这时只能是选大单，价格其次。

（6）第 2 年融资策略是难点

因为修改了方案，第 2 年年初的所有者权益由 380W 变为 390W，可以贷款的额度为 390W × 3 = 1170W，减去第 1 年已贷款 576W，实际可贷款 594W。

第 1 季度采购材料需支付 120W、生产产品人工费 40W、管理费 10W、研发费 10W、房租 40W，共需要资金 220W。

第 2 季度采购材料需支付 100W，生产产品人工费 40W，管理费 10W，共需资金 150W；可交货 4 个 P3，假如是总价 320W，账期 4Q。

第 3 季度采购材料需支付 80W，生产产品人工费 40W，管理费 10W，偿还短期贷款本金 288W，利息 14W，共需资金 432W；交货 2 个 P3，总价是 158W，2 个 P2 总价是 146W，账期都是 4Q。

第 4 季度采购材料需支付 120W，生产产品人工费 40W，管理费 10W，市场开拓 20W，维护费 80W，偿还短期贷款本金 288W，利息 14W，ISO 认证 30W，共需资金 602W，交货 4 个 P2，总价 284W，账期 4Q。

融资策略为：第 1 季度短期贷款 268W，第 2 季度短期贷款 594W – 268W = 326W，第 3 季度首先要偿还短期贷款本息 288W + 14W = 302W，第 2 季度一共余下资金为 326W + 48W – 150W = 224W，尚需 78W 资金偿还短期贷款本息，应收账款贴现 96W，获得现金 84W，支付贴息 12W；第 3 季度，先偿还短期贷款本息 302W，再贷回 288W，则第 3 季度企业可用资金为 6W + 288W = 294W，支付各种费用后余现金 164W；第 4 季度需先行偿还本息 302W，资金缺口 138W，可供选择贴现的应收账款有第 2 季度交货的 320W – 96W = 224W，第 3 季度交货的 158W + 146W = 304W，这时应该选择第 3 季度的应收账款进行贴现，为什么？从第 3 季度的应收账款中取出 160W 进行贴现，得现金 140W，支付贴息 20W，偿还 302W 的短期贷款，再贷回 288W，则第 4 季度可用资金为 290W。

因为第 4 季度的维护费、市场开拓费是在应收账款更新之后发生，所以缺少的资金可以从第 2 季度交货的应收账款中进行贴现，此时第 2 季度应收账款由 4Q 变为 2Q，贴现利率为 10%，可以贴现 220W，得现金 198W，支付贴现息 22W，余下的现金用于支付第 3 年的广告，由此来看，第 2 年企业融资方面极其紧张，这就是 4 条柔性线给企业带来的方方面面的考验，一步走错，满盘皆输，没有任何回旋余地。

因此，第 2 年，企业很难进行产能扩张，如果强行扩张，则会导致企业财务异常艰难。

附　录

▶ 附录 A　企业运营过程记录表 ◀

表 A-1　起始年

企业运营流程 请按顺序执行下列各项操作	每执行完一项操作，CEO 在相应的方格内打"√"。 财务总监（助理）在方格中填写现金收支情况。			
新年度规划会议				
参加订货会/登记销售订单				
制订新年度计划				
支付应付税				
季初现金盘点（请填余额）				
更新短期贷款/还本付息/申请短期贷款				
原材料入库/更新原料订单				
下原料订单				
更新生产/完工入库				
投资新生产线/变卖生产线/生产线转产				
开始下一批生产				
更新应收款/应收款收现				
出售厂房				
按订单交货				
产品研发投资				
支付行政管理费				
其他现金收支情况登记				
支付利息/更新长期贷款/申请长期贷款				
支付设备维护费				
支付租金/购买厂房				
计提折旧				
新市场开拓/ISO 资格认证投资				
结账				
现金收入合计				
现金支出合计				
期末现金对账（请填余额）				

表 A-2　订单登记表（起始年）

订单号											合计
市场											
产品											
数量											
账期											
销售额											
成本											
毛利											
未售											

表 A-3　产品核算统计表（起始年）

产品	P1	P2	P3	P4	合计
数量					
销售额					
成本					
毛利					

表 A-4　综合费用表（起始年）

项目	金额	备注
管理费		
广告费		
保养费		
租金		
转产费		
市场准入开拓		□ 区域　　□ 国内　　□ 亚洲　　□ 国际
ISO 资格认证		□ ISO9000　　　□ ISO14000
产品研发		P2（　　）　　P3（　　）　　P4（　　）
其他		
合计		

表 A-5 利润表（起始年）

项目	上年数	本年数
销售收入	35M	
直接成本	12M	
毛利	23M	
综合费用	11M	
折旧前利润	12M	
折旧	4M	
支付利息前利润	8M	
财务收入/支出	4M	
其他收入/支出		
税前利润	4M	
所得税	1M	
净利润	3M	

表 A-6 资产负债表（起始年）

资产	期初数	期末数	负债和所有者权益	期初数	期末数
流动资产：			负债：		
现金	20M		长期负债	40M	
应收款	15M		短期负债		
在制品	8M		应付账款		
成品	6M		应交税金	1M	
原材料	3M		一年内到期的长期负债		
流动资产合计	52M		负债合计	41M	
固定资产：			所有者权益：		
土地和建筑	40M		股东资本	50M	
机器与设备	13M		利润留存	11M	
在建工程			年度净利	3M	
固定资产合计	53M		所有者权益合计	64M	
资产总计	105M		负债和所有者权益总计	105M	

表 A-7　第 1 年

企业运营流程 请按顺序执行下列各项操作	每执行完一项操作，CEO 在相应的方格内打"√"。 财务总监（助理）在方格中填写现金收支情况。			
新年度规划会议				
参加订货会/登记销售订单				
制订新年度计划				
支付应付税				
季初现金盘点（请填余额）				
更新短期贷款/还本付息/申请短期贷款				
原材料入库/更新原料订单				
下原料订单				
更新生产/完工入库				
投资新生产线/变卖生产线/生产线转产				
开始下一批生产				
更新应收款/应收款收现				
出售厂房				
按订单交货				
产品研发投资				
支付行政管理费				
其他现金收支情况登记				
支付利息/更新长期贷款/申请长期贷款				
支付设备维护费				
支付租金/购买厂房				
计提折旧				
新市场开拓/ISO 资格认证投资				
结账				
现金收入合计				
现金支出合计				
期末现金对账（请填余额）				

表 A-8 现金预算表（第 1 年）

季度	1Q	2Q	3Q	4Q
期初库存现金				
支付上年应交税				
市场广告投入				
贴现费用				
利息（短期贷款）				
支付到期短期贷款				
原材料采购支付现金				
转产费用				
生产线投资				
工人工资				
产品研发投资				
收到现金前的所有支出				
应收款到期				
支付管理费用				
利息（长期贷款）				
支付到期长期贷款				
设备维护费用				
租金				
购买新建筑				
市场开拓投资				
ISO 认证投资				
其他				
库存现金余额				

要点记录

第 1 季度：_____

第 2 季度：_____

第 3 季度：_____

第 4 季度：_____

年底小结：_____

_____

表 A-9 订单登记表（第 1 年）

订单号										合计
市场										
产品										
数量										
账期										
销售额										
成本										
毛利										
未售										

表 A-10 产品核算统计表（第 1 年）

产品	P1	P2	P3	P4	合计
数量					
销售额					
成本					
毛利					

表 A-11 综合费用表（第 1 年）

项目	金额	备注
管理费		
广告费		
保养费		
租金		
转产费		
市场准入开拓		□ 区域　　□ 国内　　□ 亚洲　　□ 国际
ISO 资格认证		□ ISO9000　　　□ ISO14000
产品研发		P2（　　）　　P3（　　）　　P4（　　）
其他		
合计		

表 A-12　利润表（第1年）

项目	上年数	本年数
销售收入		
直接成本		
毛利		
综合费用		
折旧前利润		
折旧		
支付利息前利润		
财务收入/支出		
其他收入/支出		
税前利润		
所得税		
净利润		

表 A-13　资产负债表（第1年）

资产	期初数	期末数	负债和所有者权益	期初数	期末数
流动资产：			负债：		
现金			长期负债		
应收款			短期负债		
在制品			应付账款		
成品			应交税金		
原材料			一年内到期的长期负债		
流动资产合计			负债合计		
固定资产：			所有者权益：		
土地和建筑			股东资本		
机器与设备			利润留存		
在建工程			年度净利		
固定资产合计			所有者权益合计		
资产总计			负债和所有者权益总计		

表 A-14　第 2 年

企业运营流程 请按顺序执行下列各项操作	每执行完一项操作，CEO 在相应的方格内打"√"。 财务总监（助理）在方格中填写现金收支情况。			
新年度规划会议				
参加订货会/登记销售订单				
制订新年度计划				
支付应付税				
季初现金盘点（请填余额）				
更新短期贷款/还本付息/申请短期贷款				
原材料入库/更新原料订单				
下原料订单				
更新生产/完工入库				
投资新生产线/变卖生产线/生产线转产				
开始下一批生产				
更新应收款/应收款收现				
出售厂房				
按订单交货				
产品研发投资				
支付行政管理费				
其他现金收支情况登记				
支付利息/更新长期贷款/申请长期贷款				
支付设备维护费				
支付租金/购买厂房				
计提折旧				
新市场开拓/ISO 资格认证投资				
结账				
现金收入合计				
现金支出合计				
期末现金对账（请填余额）				

表 A-15   现金预算表（第 2 年）

季度	1Q	2Q	3Q	4Q
期初库存现金				
支付上年应交税				
市场广告投入				
贴现费用				
利息（短期贷款）				
支付到期短期贷款				
原材料采购支付现金				
转产费用				
生产线投资				
工人工资				
产品研发投资				
收到现金前的所有支出				
应收款到期				
支付管理费用				
利息（长期贷款）				
支付到期长期贷款				
设备维护费用				
租金				
购买新建筑				
市场开拓投资				
ISO 认证投资				
其他				
库存现金余额				

要点记录

第 1 季度：_____

第 2 季度：_____

第 3 季度：_____

第 4 季度：_____

年底小结：_____

_____

表 A-16 订单登记表（第 2 年）

订单号										合计
市场										
产品										
数量										
账期										
销售额										
成本										
毛利										
未售										

表 A-17 产品核算统计表（第 2 年）

产品	P1	P2	P3	P4	合计
数量					
销售额					
成本					
毛利					

表 A-18 综合费用表（第 2 年）

项目	金额	备注
管理费		
广告费		
保养费		
租金		
转产费		
市场准入开拓		□ 区域　□ 国内　□ 亚洲　□ 国际
ISO 资格认证		□ ISO9000　　□ ISO14000
产品研发		P2（　　）　P3（　　）　P4（　　）
其他		
合计		

表 A-19　利润表（第 2 年）

项目	上年数	本年数
销售收入		
直接成本		
毛利		
综合费用		
折旧前利润		
折旧		
支付利息前利润		
财务收入/支出		
其他收入/支出		
税前利润		
所得税		
净利润		

表 A-20　资产负债表（第 2 年）

资产	期初数	期末数	负债和所有者权益	期初数	期末数
流动资产：			负债：		
现金			长期负债		
应收款			短期负债		
在制品			应付账款		
成品			应交税金		
原材料			一年内到期的长期负债		
流动资产合计			负债合计		
固定资产：			所有者权益：		
土地和建筑			股东资本		
机器与设备			利润留存		
在建工程			年度净利		
固定资产合计			所有者权益合计		
资产总计			负债和所有者权益总计		

表 A-21 第 3 年

企业运营流程 请按顺序执行下列各项操作	每执行完一项操作，CEO 在相应的方格内打"√"。 财务总监（助理）在方格中填写现金收支情况。			
新年度规划会议				
参加订货会/登记销售订单				
制订新年度计划				
支付应付税				
季初现金盘点（请填余额）				
更新短期贷款/还本付息/申请短期贷款				
原材料入库/更新原料订单				
下原料订单				
更新生产/完工入库				
投资新生产线/变卖生产线/生产线转产				
开始下一批生产				
更新应收款/应收款收现				
出售厂房				
按订单交货				
产品研发投资				
支付行政管理费				
其他现金收支情况登记				
支付利息/更新长期贷款/申请长期贷款				
支付设备维护费				
支付租金/购买厂房				
计提折旧				
新市场开拓/ISO 资格认证投资				
结账				
现金收入合计				
现金支出合计				
期末现金对账（请填余额）				

表 A－22　现金预算表（第 3 年）

季度	1Q	2Q	3Q	4Q
期初库存现金				
支付上年应交税				
市场广告投入				
贴现费用				
利息（短期贷款）				
支付到期短期贷款				
原材料采购支付现金				
转产费用				
生产线投资				
工人工资				
产品研发投资				
收到现金前的所有支出				
应收款到期				
支付管理费用				
利息（长期贷款）				
支付到期长期贷款				
设备维护费用				
租金				
购买新建筑				
市场开拓投资				
ISO 认证投资				
其他				
库存现金余额				

要点记录

第 1 季度：＿＿＿＿＿＿＿＿＿＿＿＿＿＿＿＿＿＿＿＿＿＿＿＿＿＿＿

第 2 季度：＿＿＿＿＿＿＿＿＿＿＿＿＿＿＿＿＿＿＿＿＿＿＿＿＿＿＿

第 3 季度：＿＿＿＿＿＿＿＿＿＿＿＿＿＿＿＿＿＿＿＿＿＿＿＿＿＿＿

第 4 季度：＿＿＿＿＿＿＿＿＿＿＿＿＿＿＿＿＿＿＿＿＿＿＿＿＿＿＿

年底小结：＿＿＿＿＿＿＿＿＿＿＿＿＿＿＿＿＿＿＿＿＿＿＿＿＿＿＿

＿＿＿＿＿＿＿＿＿＿＿＿＿＿＿＿＿＿＿＿＿＿＿＿＿＿＿＿＿＿＿＿＿

表 A-23　订单登记表（第 3 年）

订单号										合计
市场										
产品										
数量										
账期										
销售额										
成本										
毛利										
未售										

表 A-24　产品核算统计表（第 3 年）

产品	P1	P2	P3	P4	合计
数量					
销售额					
成本					
毛利					

表 A-25　综合费用表（第 3 年）

项目	金额	备注
管理费		
广告费		
保养费		
租金		
转产费		
市场准入开拓		□ 区域　　□ 国内　　□ 亚洲　　□ 国际
ISO 资格认证		□ ISO9000　　　□ ISO14000
产品研发		P2（　　）　　P3（　　）　　P4（　　）
其他		
合计		

表 A-26　利润表（第 3 年）

项目	上年数	本年数
销售收入		
直接成本		
毛利		
综合费用		
折旧前利润		
折旧		
支付利息前利润		
财务收入/支出		
其他收入/支出		
税前利润		
所得税		
净利润		

表 A-27　资产负债表（第 3 年）

资产	期初数	期末数	负债和所有者权益	期初数	期末数
流动资产：			负债：		
现金			长期负债		
应收款			短期负债		
在制品			应付账款		
成品			应交税金		
原材料			一年内到期的长期负债		
流动资产合计			负债合计		
固定资产：			所有者权益：		
土地和建筑			股东资本		
机器与设备			利润留存		
在建工程			年度净利		
固定资产合计			所有者权益合计		
资产总计			负债和所有者权益总计		

表 A-28 第 4 年

企业运营流程 请按顺序执行下列各项操作	每执行完一项操作，CEO 在相应的方格内打"√"。 财务总监（助理）在方格中填写现金收支情况。			
新年度规划会议				
参加订货会/登记销售订单				
制订新年度计划				
支付应付税				
季初现金盘点（请填余额）				
更新短期贷款/还本付息/申请短期贷款				
原材料入库/更新原料订单				
下原料订单				
更新生产/完工入库				
投资新生产线/变卖生产线/生产线转产				
开始下一批生产				
更新应收款/应收款收现				
出售厂房				
按订单交货				
产品研发投资				
支付行政管理费				
其他现金收支情况登记				
支付利息/更新长期贷款/申请长期贷款				
支付设备维护费				
支付租金/购买厂房				
计提折旧				
新市场开拓/ISO 资格认证投资				
结账				
现金收入合计				
现金支出合计				
期末现金对账（请填余额）				

表 A-29　现金预算表（第 4 年）

季度	1Q	2Q	3Q	4Q
期初库存现金				
支付上年应交税				
市场广告投入				
贴现费用				
利息（短期贷款）				
支付到期短期贷款				
原材料采购支付现金				
转产费用				
生产线投资				
工人工资				
产品研发投资				
收到现金前的所有支出				
应收款到期				
支付管理费用				
利息（长期贷款）				
支付到期长期贷款				
设备维护费用				
租金				
购买新建筑				
市场开拓投资				
ISO 认证投资				
其他				
库存现金余额				

要点记录

第 1 季度：_____

第 2 季度：_____

第 3 季度：_____

第 4 季度：_____

年底小结：_____

_____

表 A-30　订单登记表（第 4 年）

订单号											合计
市场											
产品											
数量											
账期											
销售额											
成本											
毛利											
未售											

表 A-31　产品核算统计表（第 4 年）

产品	P1	P2	P3	P4	合计
数量					
销售额					
成本					
毛利					

表 A-32　综合费用表（第 4 年）

项目	金额	备注
管理费		
广告费		
保养费		
租金		
转产费		
市场准入开拓		□ 区域　　□ 国内　　□ 亚洲　　□ 国际
ISO 资格认证		□ ISO9000　　　□ ISO14000
产品研发		P2（　　）　　P3（　　）　　P4（　　）
其他		
合计		

表 A-33　利润表（第 4 年）

项目	上年数	本年数
销售收入		
直接成本		
毛利		
综合费用		
折旧前利润		
折旧		
支付利息前利润		
财务收入/支出		
其他收入/支出		
税前利润		
所得税		
净利润		

表 A-34　资产负债表（第 4 年）

资产	期初数	期末数	负债和所有者权益	期初数	期末数
流动资产：			负债：		
现金			长期负债		
应收款			短期负债		
在制品			应付账款		
成品			应交税金		
原材料			一年内到期的长期负债		
流动资产合计			负债合计		
固定资产：			所有者权益：		
土地和建筑			股东资本		
机器与设备			利润留存		
在建工程			年度净利		
固定资产合计			所有者权益合计		
资产总计			负债和所有者权益总计		

表 A-35　第五年

企业运营流程 请按顺序执行下列各项操作	每执行完一项操作，CEO在相应的方格内打"√"。 财务总监（助理）在方格中填写现金收支情况。			
新年度规划会议				
参加订货会/登记销售订单				
制订新年度计划				
支付应付税				
季初现金盘点（请填余额）				
更新短期贷款/还本付息/申请短期贷款				
原材料入库/更新原料订单				
下原料订单				
更新生产/完工入库				
投资新生产线/变卖生产线/生产线转产				
开始下一批生产				
更新应收款/应收款收现				
出售厂房				
按订单交货				
产品研发投资				
支付行政管理费				
其他现金收支情况登记				
支付利息/更新长期贷款/申请长期贷款				
支付设备维护费				
支付租金/购买厂房				
计提折旧				
新市场开拓/ISO资格认证投资				
结账				
现金收入合计				
现金支出合计				
期末现金对账（请填余额）				

表 A‑36 现金预算表（第 5 年）

季度	1Q	2Q	3Q	4Q
期初库存现金				
支付上年应交税				
市场广告投入				
贴现费用				
利息（短期贷款）				
支付到期短期贷款				
原材料采购支付现金				
转产费用				
生产线投资				
工人工资				
产品研发投资				
收到现金前的所有支出				
应收款到期				
支付管理费用				
利息（长期贷款）				
支付到期长期贷款				
设备维护费用				
租金				
购买新建筑				
市场开拓投资				
ISO 认证投资				
其他				
库存现金余额				

要点记录

第 1 季度：_____

第 2 季度：_____

第 3 季度：_____

第 4 季度：_____

年底小结：_____

_____

表 A-37　订单登记表（第 5 年）

订单号											合计
市场											
产品											
数量											
账期											
销售额											
成本											
毛利											
未售											

表 A-38　产品核算统计表（第 5 年）

产品	P1	P2	P3	P4	合计
数量					
销售额					
成本					
毛利					

表 A-39　综合费用表（第 5 年）

项目	金额	备注
管理费		
广告费		
保养费		
租金		
转产费		
市场准入开拓		□ 区域　□ 国内　□ 亚洲　□ 国际
ISO 资格认证		□ ISO9000　　□ ISO14000
产品研发		P2（　　）　P3（　　）　P4（　　）
其他		
合　计		

表 A-40　利润表（第 5 年）

项目	上年数	本年数
销售收入		
直接成本		
毛利		
综合费用		
折旧前利润		
折旧		
支付利息前利润		
财务收入/支出		
其他收入/支出		
税前利润		
所得税		
净利润		

表 A-41　资产负债表（第 5 年）

资产	期初数	期末数	负债和所有者权益	期初数	期末数
流动资产：			负债：		
现金			长期负债		
应收款			短期负债		
在制品			应付账款		
成品			应交税金		
原材料			一年内到期的长期负债		
流动资产合计			负债合计		
固定资产：			所有者权益：		
土地和建筑			股东资本		
机器与设备			利润留存		
在建工程			年度净利		
固定资产合计			所有者权益合计		
资产总计			负债和所有者权益总计		

表 A-42　第 6 年

企业运营流程 请按顺序执行下列各项操作	每执行完一项操作，CEO 在相应的方格内打"√"。 财务总监（助理）在方格中填写现金收支情况。			
新年度规划会议				
参加订货会/登记销售订单				
制订新年度计划				
支付应付税				
季初现金盘点（请填余额）				
更新短期贷款/还本付息/申请短期贷款				
原材料入库/更新原料订单				
下原料订单				
更新生产/完工入库				
投资新生产线/变卖生产线/生产线转产				
开始下一批生产				
更新应收款/应收款收现				
出售厂房				
按订单交货				
产品研发投资				
支付行政管理费				
其他现金收支情况登记				
支付利息/更新长期贷款/申请长期贷款				
支付设备维护费				
支付租金/购买厂房				
计提折旧				
新市场开拓/ISO 资格认证投资				
结账				
现金收入合计				
现金支出合计				
期末现金对账（请填余额）				

表 A-43 现金预算表（第 6 年）

季度	1Q	2Q	3Q	4Q
期初库存现金				
支付上年应交税				
市场广告投入				
贴现费用				
利息（短期贷款）				
支付到期短期贷款				
原材料采购支付现金				
转产费用				
生产线投资				
工人工资				
产品研发投资				
收到现金前的所有支出				
应收款到期				
支付管理费用				
利息（长期贷款）				
支付到期长期贷款				
设备维护费用				
租金				
购买新建筑				
市场开拓投资				
ISO 认证投资				
其他				
库存现金余额				

要点记录

第 1 季度：＿＿＿＿＿＿＿＿＿＿＿＿＿＿＿＿＿＿＿＿＿＿＿＿＿＿＿

第 2 季度：＿＿＿＿＿＿＿＿＿＿＿＿＿＿＿＿＿＿＿＿＿＿＿＿＿＿＿

第 3 季度：＿＿＿＿＿＿＿＿＿＿＿＿＿＿＿＿＿＿＿＿＿＿＿＿＿＿＿

第 4 季度：＿＿＿＿＿＿＿＿＿＿＿＿＿＿＿＿＿＿＿＿＿＿＿＿＿＿＿

年底小结：＿＿＿＿＿＿＿＿＿＿＿＿＿＿＿＿＿＿＿＿＿＿＿＿＿＿＿

＿＿＿＿＿＿＿＿＿＿＿＿＿＿＿＿＿＿＿＿＿＿＿＿＿＿＿＿＿＿＿＿＿

表 A-44　订单登记表（第 6 年）

订单号										合计
市场										
产品										
数量										
账期										
销售额										
成本										
毛利										
未售										

表 A-45　产品核算统计表（第 6 年）

产品	P1	P2	P3	P4	合计
数量					
销售额					
成本					
毛利					

表 A-46　综合费用表（第 6 年）

项目	金额	备注
管理费		
广告费		
保养费		
租金		
转产费		
市场准入开拓		□ 区域　□ 国内　□ 亚洲　□ 国际
ISO 资格认证		□ ISO9000　　□ ISO14000
产品研发		P2（　　）　P3（　　）　P4（　　）
其他		
合计		

表 A-47　利润表（第 6 年）

项目	上年数	本年数
销售收入		
直接成本		
毛利		
综合费用		
折旧前利润		
折旧		
支付利息前利润		
财务收入/支出		
其他收入/支出		
税前利润		
所得税		
净利润		

表 A-48　资产负债表（第 6 年）

资产	期初数	期末数	负债和所有者权益	期初数	期末数
流动资产：			负债：		
现金			长期负债		
应收款			短期负债		
在制品			应付账款		
成品			应交税金		
原材料			一年内到期的长期负债		
流动资产合计			负债合计		
固定资产：			所有者权益：		
土地和建筑			股东资本		
机器与设备			利润留存		
在建工程			年度净利		
固定资产合计			所有者权益合计		
资产总计			负债和所有者权益总计		

▶ 附录 B 生产计划及采购计划 ◀

表 B-1 生产计划及采购计划编制举例

生产线		第 1 年				第 2 年				第 3 年			
		1Q	2Q	3Q	4Q	1Q	2Q	3Q	4Q	1Q	2Q	3Q	4Q
1 手工线	产品			⌐P1			⌐P1						⌐P2
	原材料		R1										
2 手工线	产品	⌐P1	⌐P1		R1								
	原材料	R1											
3 手工线	产品		⌐P1		⌐P1								
	原材料												
4 半自动线	产品				P1								
	原材料	R1											
5	产品												
	原材料												
……	产品												
	原材料												
合计	产品	1P1	2P1	1P1	2P1								
	原材料	2R1	1R1		1R1								

表 B-2　生产计划及采购计划编制（第 1 ~ 3 年）

生产线		第 1 年				第 2 年				第 3 年			
		1Q	2Q	3Q	4Q	1Q	2Q	3Q	4Q	1Q	2Q	3Q	4Q
1	产品												
	原材料												
2	产品												
	原材料												
3	产品												
	原材料												
4	产品												
	原材料												
5	产品												
	原材料												
6	产品												
	原材料												
7	产品												
	原材料												
8	产品												
	原材料												
合计	产品												
	原材料												

表 B-3 生产计划及采购计划编制（第 4~6 年）

生产线		第 4 年				第 5 年				第 6 年			
		1Q	2Q	3Q	4Q	1Q	2Q	3Q	4Q	1Q	2Q	3Q	4Q
1	产品												
	原材料												
2	产品												
	原材料												
3	产品												
	原材料												
4	产品												
	原材料												
5	产品												
	原材料												
6	产品												
	原材料												
7	产品												
	原材料												
8	产品												
	原材料												
合计	产品												
	原材料												

▲ 附录 C　开工计划 ▼

产品	第 1 年				第 2 年				第 3 年			
	1Q	2Q	3Q	4Q	1Q	2Q	3Q	4Q	1Q	2Q	3Q	4Q
P1												
P2												
P3												
P4												
人工付款												

产品	第 4 年				第 5 年				第 6 年			
	1Q	2Q	3Q	4Q	1Q	2Q	3Q	4Q	1Q	2Q	3Q	4Q
P1												
P2												
P3												
P4												
人工付款												

▲ 附录 D　采购及原材料付款计划 ▼

原材料	第 1 年				第 2 年				第 3 年			
	1Q	2Q	3Q	4Q	1Q	2Q	3Q	4Q	1Q	2Q	3Q	4Q
R1												
R2												
R3												
R4												
人工付款												

原材料	第 4 年				第 5 年				第 6 年			
	1Q	2Q	3Q	4Q	1Q	2Q	3Q	4Q	1Q	2Q	3Q	4Q
R1												
R2												
R3												
R4												
人工付款												

参考文献

[1] 王新玲，赵建新，杨笑. ERP 沙盘企业信息化综合实训 [M]. 北京：清华大学出版社，2009.

[2] 王新玲，柯明，耿锡润. ERP 沙盘模拟学习指导书 [M]. 北京：电子工业出版社，2005.

[3] 陈明，张健. ERP 沙盘模拟实训教程 [M]. 北京：化学工业出版社，2009.

[4] 李赫轩. ERP 沙盘模拟创业经营 [M]. 广州：华南理工大学出版社，2017.

[5] 苗雨君. ERP 沙盘模拟实践教程 [M]. 哈尔滨：哈尔滨工程大学出版社，2009.